KB081597

알고 보면 재미있는

서울
주변
답사
기행

글 · 사진 최수정

창조와 지식

알재서

서울 주변 답사 기행

재미있는

알고 보면

• 마치며 317

인사말

구석구석 재미있게
서울·주변을 탐방하며...

    집 근처 시에서 관리하는 여성 센터에서 이런저런 교양강좌를 듣
게 되었습니다. 그러던 중 강의 하시던 박현정 선생님께서 현장답사
를 다니신다는 말씀을 듣고 그분을 따라 서울과 서울 근교의 유적지
와 문화 관련 기념관 등을 다니게 되었습니다.

    그때 우리 주변에 유적지와 박물관 기념관들이 생각보다 많다는
생각이 들었습니다. 시에서든 지자체에서든 시민들을 위한 공간임
이 틀림없는데 정작 이용하는 사람들이 많지 않은 것이 안타까웠습
니다.

　박현정 선생님과 함께 여러 해 답사를 다니며 배웠던 이야기들을 혼자만 간직하기 아까워서 공유의 개념으로 책을 쓰게 되었습니다.

　역사 공부라는 것을 시험 때 외워야만 하는 숙제가 아니라 어릴 때부터 현장을 직접 보며 가랑비에 옷 젖듯이 차곡차곡 익힌다면 더 가깝고 재밌게 생각될 것입니다.

　역사적 지식이 일천한지라 전문 지식을 요하는 전공서가 아닌, 주변에 있지만 잘 알지 못했던 곳을 소개하는 정도입니다. 정보 찾기야 어렵지 않은 세상인 데다 웬만한 곳은 학예사, 해설사가 있어 자세한 설명을 들을 수 있으므로 굳이 장황하게 늘어놓지 않았습니다. 그냥 주말이나 휴일에 적당한 나들이 길에 작은 이정표가 되었으면 좋겠습니다.

덧,

주변에 붙어있는 곳들을 묶어야지 했으나 동서남북도 구별 못 하고 수십 번을 가도 언제나 처음 본 듯한 내 뇌는 지도개념이 장착되어 있지 않아 바로 옆에 있으면서도 찾지 못했다. 인터넷 지도를 찾아보며 그제야 아 근처구나 하면서 머리를 쥐어박고 고치기를 수십번, 그래도 여전히 위치정보는 부족하다.

어느 곳 하나 재밌지 않은 곳이 없었으나 그날 들은 이야기들을 다 풀어내기는 너무나 어려웠다.

말이 장황하게 길어지고 반복되고 연결되는 이야기도 많아 중복되는 것도 있다. 근처 맛집도 소개할까 하다가 자꾸 없어지고 새로 생기는 요즘 그 또한 오지랖이라 생각되어 생략했다.

그리고 참 고민되었던 사진들. 전부 직접 찍은 것들로만 편성하려니 좋은 사진에는 꼭 본인이나 친구들이 큼지막하게 있어서 올리기가 민망했다.

자료사진 없어서 난감해할 때 흔쾌히 도움 주신 최경숙 선생님, 안혜인님 감사합니다. 되지도 않는 짓을 한다고 설레발일 때 할 수 있다고 해준 격려해준 친구들 모두 참 많이 감사합니다.

   박현정 선생님은요,
   이대 철학과를 나오시고 우리 궁궐 지킴이 1기이시며 국립 박물관 도슨트로 활동하시는 분입니다. 워낙에 열정과 에너지가 넘치는 분이라 현장 수업을 좋아하셔서 지금도 왕성한 활동을 하고 계십니다. 다방면으로 해박한 지식을 가진 분이라 그분과 함께 이야기를 나누는 것만으로 지식충족의 욕구가 채워지는 기분이 듭니다. 그분을 만난 것이 제 인생에 큰 선물이라 생각합니다.
   선생님 감사합니다.

2019.05.

수정수정

알고 보면 재미있는
서울 주변 답사 기행

경기도
301~

서울시

241~ 211~

서울도심
101~

231~ 221~

강원도
401~

101
부암동

창의문

북소문 또는 자하문으로도 불린다.

풍수지리상 북쪽의 문으로 사람들이 다니면 왕조에 좋지 않다고 하여 일반의 통행이 금지되었다가 인조반정 때 능양군이 이 문을 부수고 궁에 들어가 반정에 성공한 곳이다. 그래서 인조반정의 공신들 이름을 현판에 걸어 놓았다.

서울의 사소문 중에 유일하게 완전히 남아 있는 문으로 창의문 추녀에는 목계가 달려있다. 이유는 문밖의 지형이 지네와 같다 하여 그 기세를 잡기 위해 지네의 천적인 닭의 모습을 매달아 놓은 것이다.

◉ 창의문(자하문)에서 환기 미술관까지는 도보로 5분 정도 소요

무계정사지(무계원)

　　무계정사지는 조선 세종(재위 1418~1450)의 셋째 아들인 안평대군 이용이 사용하던 정자인 '무계정사'가 있던 터이다. 안평대군은 무계정사에 1만 권의 책을 갖추고 용산 강가에 담담정을 지어 선비들과 함께 시를 즐겼다고 한다. 그러나 대군이 역모로 몰려서 사약을 받고 죽은 단종 1년(1453) 이후에는 이곳도 폐허가 되어 지금은 터만 남아 있다.

　　한편 이곳에는 커다란 바위에 안평대군이 쓴 것으로 전해지고 있는 '무계동'이란 글씨가 큰 현판 모양으로 새겨져 있어 이곳이 '무계정사'가 있던 곳임을 알려주고 있다.

이 주변은 '빈처'와 '운수 좋은 날'로 유명한 현진건의 집터도 있었다. 현진건은 생계로 닭을 치면서 살았다고 전해진다. 딱히 대단한 볼거리가 있는 것은 아니니 지나가는 길에 둘러보는 정도면 좋겠다.

서울미술관 석파정

1, 2층은 상설 전시나 특별 전시장이고 3층으로는 야외공원으로 나가는 출구가 있다. 이곳으로 흥선대원군의 별장인 석파정으로 연결되어 있다.

흥선대원군은 고종의 아버지로 아들이 왕인데 당사자는 왕이 아닌 살아 있는 유일한 대원군이다. 이하응은 혈통으로 보면 인조의 셋째아들 인평대군의 8세손으로 왕권과 그다지 가까운 왕족은 아니었다. 당시 너무 어린 왕들의 즉위로 안동김씨와 풍양 조씨의 세도정치로 왕권이 약해져 있었다.

1820년 12월 21일 지금의 서울시 종로구 안국동에서 영조의 5대손으로 태어나고 1863년 철종이 후사 없이 죽자 둘째 아들 명복을 왕으로 만들었다. 섭정으로 왕권을 강화시키기 위해 경복궁 중건, 서원 정리, 복식 개편, 세제정리 등 많은 일을 하였다. 그러나 당시 국제정세를 빠르게 파악하지 못하고 쇄국정책이라는 폐쇄적인 대외관계로 외세 침략을 막으려 하였다. 명성황후와의 대립으로 옳고 그름을 겨루다 서양 문물의 수용이 지연되어 근대화가 늦어지게 됨은 안타깝다.

석파정의 원래 주인은 안동김씨 가문의 김흥근의 별장이었다. 대원군이 마음에 들어 하였으나 김흥근이 팔지 않으려고 하자 하루 빌려달라고 한다. 그리고 아들인 고종을 불러 그 집에서 하룻밤을 재우니 이제 왕이 머물다간 자리라 하여 빼앗다시피 하여 흥선대원군의 소유가 되어버린 것이다. 정원에 큰 바위가 있어서 석파정이라 하기도 하고 흥선대원군의 호가 석파인 것도 흥미로운 사실이다.

이곳도 단연코 늦가을이 예쁘다. 거대한 바위와 짙은 단풍과 용트림하는 웅장한 소나무까지 참 멋진 곳이다.

📍 경복궁역이나 광화문역에서 버스로 15분 정도 자하문터널 입구에서 하차.
🕚 11시 개관 📖 입장료 : 9,000원

윤동주 문학관 시인의 언덕

윤동주는 북간도 길림성에서 태어났다.

가수 윤형주와는 6촌간이라 한다. 그가 연희전문학교 시절은 1930년대 후반 민족말살정책의 시대로 참 암울한 시대이다.

그래도 조선어 과목만큼은 늘 백 점이라고 한다. 글씨도 참 예쁘다. 재봉틀도 잘했다고 하던데 여성적인 감성이 느껴진다.

중학교 폐교 시 기념사진에는 문인환과 장준하가 같이 있다. 윤동주의 시는 정병욱 시인을 통해서 세상에 알려지게 된다. 시집을 발간하지 못해 세 권을 필사로 남긴다. 그 덕에 우리가 그의 슬프고도 아름다운 시를 볼 수 있게 된다.

후쿠오카 감옥에서 이년을 보냈다고 하나 일 년 반 만에 옥사한다. 사인은 바닷물 생체실험으로 그의 나이 27세였다.

1관에서는 그의 작품과 시대의 아픔을 알 수 있는 자료들을 볼 수 있다.

2관은 열린 우물이라 한다. 하늘이 보이는 갇힌 공간. 여기서 하늘을 보면 네모난 파란 하늘과 녹슨 수도 가압장 시설과 작은 나뭇가지가 꽤 인상적이다.

그리고 3관은 영상실이다. 마치 감옥 같은 서늘함을 느낄 수 있는 밀폐된 공간에서 영상물을 시청한다. 물탱크 내부라고 하는데 한 줄기 빛이 들어와 특별한 분위기를 만들어낸다.

이 문학관 자리는 버려진 물탱크와 수도 가압장 시설을 이용해서 만들었다. 물 자국, 열린 공간, 닫혀서 어두운 공간이 절제됨과 폐쇄적인 그의 삶과 닮은 것 같다.

윤동주 문학관 뒤로 산책로를 따라 올라가면 시인의 언덕이
있다. 남산타워, 경복궁이 보여서 아름다운 서
울 시내 경관을 조망할 수 있으며 인왕산의 정
기도 느낄 수 있는 곳이다.

오늘의 **미션**

영화 '동주'를 찾아서 보자.

📍 서울 종로구 창의문로 119　　💬 월요일 휴무(1월1일, 명절연휴 휴관)

⏰ 매일 10:00 - 18:00　　📖 관람료 : 무료　　Ⓟ 주차 : 불가

환기 미술관

김환기는 우리나라 추상미술의 선구
자로 서양의 모더니즘에 한국적 정서를
가미한 따뜻하고 정감 가는 미술 세계
를 만들었다.

점묘 느낌으로 우주를 상상하게 하
는 특별함으로 절친 김광섭의 시 제목

인 '어디서 무엇이 되어 다시 만나리' 시리즈를 만들어 냈다.

그는 자기 자신만의 색깔을 변질시킬까 우려하여 파리에서 유학 생활 중에 루브르에도 가지 않았다는 이야기는 유명하다.

부인 김향안 여사는 한국의 수필가 겸 미술평론가로 알려져 있다. 이상의 부인이었던 변동림은 이상이 폐결핵으로 사망한 이후 김환기와 재혼한다.

김환기가 죽고 나서는 남편의 유작을 보호하기 위해 환기 미술관을 설립하였다. 본명은 변동림이었으나 집안의 재혼 반대에 성을 버리고 남편인 김환기의 아호인 향안으로 개명했다.

이 미술관은 천정이 참 높다. 열린 듯 보이지만 각자 공간의 독립성이 특이하고 예쁜 건축물이다.

인왕산과 북악산 사이에 있어 주변 경관도 단아하고 수려하다.

본관, 별관, 달관으로 이루어져 있으며 옆에는 수향산방이 있다. 수향산방의 이름은 김환기의 새 아호인 수화와 향안에서 한 글자씩 따왔다고 한다.

190과 150의 키 차이도 그렇거니와 참 낭만적이다.

📍 부암동 주민 센터 앞에서 내리면 된다

🎟 입장료 : 8,000원 ℗ 주차 : 가능(몇 대 자리가 없다)

백사실 계곡

골목길 돌아 조금 걸으면 백사실 계곡이 있다.

백사 이항복의 별장터가 있던 곳이라 백사실 계곡이라 이름 붙였다고 한다. 이 계곡은 청정 계곡의 상징인 도롱뇽이 산다고 한다.

초봄에 운이 좋으면 도롱뇽 알도 볼 수 있다.

TV에 나오기도 했다는 유명한 카페가 좋은 이정표가 돼주기도 하는 이곳은 곳곳에 유적의 흔적을 나타내는 바위에 새겨진 글자도 볼 수 있다. 월암이나 백석동천 글자를 찾아보자.

세검정터

백사실 계곡을 따라 내려오면 세검정을 만난다. 세검정은 인조반정 뒤 칼을 씻었다고 해서 이름이 붙여졌다. 그 외에도 조지서가 있었다. 사초의 초고를 교정본 후에 씻어서 재활용한다. 사초의 내용은 외부로 유출이 불가하기 때문에 흐르는 물에 종이를 씻어서 넓은 바위 위에 널어놓았을 생각도 해본다.

일본 강점기 때 불에 탄 것을 후에 복원한 것이라 이름을 세검정터라고 하니 조금은 아쉽지만, 주변 경관과 어울리는 화려하고 단아한 정자는 그 자체만으로 참 예쁘다.

102

서대문 주변

홍난파 가옥

요즘 아이들은 동요를 부르지 않는 것인지 아니면 내가 아는 동요가 아닌 다른 동요를 부르는지 예전에 즐겨 부르던 동요를 듣기가 힘들어졌다. '나의 살던 고향은~' 하고 부르던 고향의 봄이나 '퐁당퐁당' 부르며 손뼉치기하던 어린 시절은 이제 아주 먼 추억이 되고 말았다. 그 익숙한 동요 백여 곡을 작곡하신 홍난파 가옥이다.

홍파동 가옥은 1930년 독일 선교사가 지은 서양식 벽돌집이다. 그가 죽기 전 6년간 살았다고 한다. 현재는 외손녀가 방문객들에게 따뜻한 웃음으로 해설을 해주고 계신다.

홍난파는 친일 행적으로 다소 비난은 받지만, 공은 공이고 과는 과라 생각하며 그의 업적을 다시 새겨보기 좋은 곳이다.

오늘의 미션

봉선화, 고향의 봄, 퐁당퐁당, 반달 등 그가 작곡한 동요 중 아는 노래가 몇 개나 있는지 찾아보자.

서대문 형무소역사관

 독립문역에서 가깝기에 독립문역으로 가게 된다.

 독립문역은 역에서부터 여러 전시가 서대문 형무소로 올라가기 전부터 마음가짐을 다지게 해주는 기분이 든다. 서대문형무소는 경성감옥으로 시작하여 일제 강점기에 수많은 독립운동가가 수감되고 고문받은 아픈 곳이다.

 수감기록카드로 가득 도배되어 있는 방을 시작으로 3·1 운동 직후 유관순 열사가 투옥되어 숨을 거둔 지하 옥사와 감시탑, 고문 체험실, 독방, 입관, 밥그릇 등 여러 고문의 재연 현장에 그곳에 서 있는 것만으로 으슬으슬 떨린다. 그리고 통곡의 미루나무라 불리는 두 그루의 나무들이 버티고 있는 사형장과 시구문으로 마치고 나오면 어쩐지 으스스한 기운이 내내 계속 에워싸고 있는 것 같다.

한 가지 더

이곳은 일제강점기의 독립투사들의 고난의 현장이기도 하지만 해방 후에도 감옥으로 쓰였다. 좌우익의 이념 대립과 민주화 운동의 학생과 열사들, 재야인사들이 투옥되고 사형이 집행되기도 하던 민족사의 아픔을 기억해야 할 특별한 곳이다.

매일 해설사가 있는 것은 아닌 것 같다. 일요일에 있다고 하니 해설사의 설명을 듣고 싶으면 문의를 해보고 가는 것이 좋겠다.

📖 일반 3,000원 어린이 1,000원

안산전망대 봉원사

서대문형무소를 돌아 나와 안산으로 올라가보자.

안산 둘레길로 가려면 붉은 벽돌 계단으로 올라가게 된다. 올라가는 계단 초입 벽돌에 선명하게 찍혀있는 서울 '경'자 가 보인다. 경성감옥 노역물의 표시이다.

날 좋은날 전망대에 가면 도성 안까지 다 보인다. 청와대와 겸재가 좋아하던 인왕산과 저 멀리 남산까지 보인다.

봉원사는 신라 시대부터의 역사를 가지고 있다.

진성여왕 때 도선국사가 창건하고 고려의 공민왕 때 크게 중창하기도 한다.

조선 시대에는 태조의 어진을 보관하기도 하였으나 영, 정조 때는 수경원 영빈이씨의 원찰이기도 했다.

영조 때 현 위치로 이전, 증건 하면서 봉원사로 개칭한다. 영조의 친필로 쓰인 봉원사라는 현판은 6·25 전쟁 때 소실되고 명부전이라고 쓴 정도전의 글씨만 남아있다.

봉원사 대웅전은 원래는 문화재 지정이었다. 그러나 큰 화재로 재건축하게 되며 문화재 자격을 박탈당하였다. 소실된 염불당을 중건하였는데 이 건물은 대원군의 별처였던 아소정을 헐어 옮긴 것이다.

서울시 유형문화재 제363호 아미타괘불도와 제364호 범종이 문화재로 등록되었다.

끝부분에 극락전은 꽃창살로 되어 있다. 살짝 안을 들여다보니 흰색의 아미타불에 박정희 전 대통령과 육영수 여사의 영정이 보인다.

> 다보여래는 과거불, 석가모니는 현세불, 미륵불은 미래불이며,
> 비로자나불은 진리의 부처님이다.

딜쿠샤

딜쿠샤. 무슨 뜻일까. 1919년 3·1 운동 독립선언서를 외신으로 처음 보도한 미국인 앨버트 테일러의 가옥이다.

딜쿠샤라는 이름은 앨버트의 아내 메리 린리 테일러가 인도의 딜쿠샤 궁전에서 따와 작명한 것으로 힌디어로 '이상향, 기쁨'을 의미한다.

앨버트는 항일 독립운동을 돕다가 서대문 형무소에 수감 된 후 1942년 일제에 의해 추방당할 때까지 이곳에서 아내와 함께 살았다. 그러나 내부를 들어가 볼 수는 없었다. 2018년까지 사람들이 살고 있어서 보존가치가 있는 근현대사 속의 건축물을 복원 공개하지 못했다. 2019년에는 내·외부를 당시 모습으로 복원하여 공개한다고 하니 기대가 된다.

이곳은 본래 행주대첩에서 큰 공을 세웠던 권율 장군의 집터로, 현재까지 건물 앞에는 당시부터 있던 수령 400년 이상 된 은행나무가 있으며, 본 건물이 축조되기 전에는 마을 사람들의 성황당 및 공동 우물터로 쓰였다고 한다.

독립문

어릴 땐 막연하게 독립문이라는 어감 때문인지 일제에서의 독립인가 했었다. 후에서야 친일파들에 의한 청나라로부터의 독립이라는 말에 뒤통수를 맞은 기분이 들던 때가 있었다.

갑오개혁 이후 중국 사신을 영접하던 영은문을 헐고 그 자리에 서재필이 파리의 개선문을 본떠 설계하고 독립협회가 주도하여 세운 건축물이다. 독립문 앞에는 옛 영은문의 주초가 되는 기둥을 그대로 옮겨와 놓았다.

공원 안쪽에는 서재필의 동상이 있으며 매점과 휴식 공간은 있으나 어디나 마찬가지겠으나 한여름은 힘들다.

▌ 독립문의 현판이 친일파의 대명사 격인 이완용의 글씨라는 말이 있다,

103

가회동

백인제 가옥

경복궁과 창덕궁 사이를 북촌이라 한다. 당시 권문세가들이 모여 살던 곳으로, 궁 가까이에 남쪽으로는 청계천을 두고 있어 배산임수 의 명당이다. 남촌은 상대적으로 가난한 선비들이 모여 살았다.

그 북촌 가회동에 백인제 가옥이 있다. 일제강점기 친일파 이완 용의 친척인 한성룡이 지었다. 한성룡은 한성은행 간부로, 이 저택 마당에서 일본인들과 사교파티도 즐겼다고 한다.

서울에 일제강점기에 지어진 저택이 두 군데 있는데, 그중 제일 큰 집인 윤보선 가옥은 현재까지 사람이 살고 있어 관람할 수 없고, 다음이 백인제 가옥이다.

부인인 최경진여사가 103세까지 이곳에서 살다가 생을 마감하고, 후에 서울시가 매입해 관람이 가능해졌다. 백인제 가옥은 서울역사박물관 소속이다.

입장료 없이 자유 관람은 가능하나, 예약 후 해설사의 동행 하에 내부관람이 가능하다.

영화 '암살'의 촬영지로도 유명한 이 가옥은 아름다운 정원과 고급스러운 한옥에 유리창이 인상적이다. 비록 친일파가 지었지만 화려하고 고급스런 한옥을 이렇게 볼 수 있다는 것이 참 좋다.

내부관람 중 창이 좋은 누마루에 잠시 앉으면 절로 시인이 될 것만 같다. 마당 한쪽에 철판으로 된 지하 방공호는 후에 와인 창고로 쓰였다고 한다.

　백인제는 인제대학교 백병원의
설립자이고 백인제의 장조카가
창작과비평사의 백낙준, 백석시
인과도 친척이다.

오늘의 미션

결혼사진 속에서 이광수와 서재필 등 우리
가 아는 사람들을 찾아보자.

서재필의 딸 뮤리엘은 화가로, 유한양행의
버드나무그림을 그린 것으로 유명하다.

정독도서관

　중·고등학교 때 한번쯤은 가봤을 정독도서관.

　어릴 땐 꽃의 아름다움을 볼 겨를도 없이 그저 친구들과 떠들기만 하던 도서관 마당에 벚꽃이 참 예쁘게 피어있다. 단연코 벚꽃계절에 가야 기분이 좋은 곳이다. 마당의 등나무 터널이나 벤치에 앉아서 잠시 쉬며, 하늘을 향해 날리는 벚꽃을 보는 사치를 누려보자.

　도서관 회원증이 없어도 이용 가능한 자유열람실도 있으며 학생들을 위한 비교적 저렴한 식당도 있다. 식당 천정이 높아 시원하기는 하나 사실 맛은 그냥 그랬다. 근처에 맛집도 많으니 굳이 이용하라고 권하고 싶지는 않다.

서울 교육박물관

　도서관 정문한쪽에 서울 교육박물관도 있다.

　사실 역사적인 자료가 많다기보다, 1970~1980년대 학창시절의 추억을 떠올리기 좋은 곳이다. 학창시절 '배지'라고 하던 교표들 속에서 모교의 교표를 찾으니 반갑기도 하다.

　그저 지나는 길에 잠시 들려보는 거면 충분하다.

104
청계천 일대

청계천

조선 시대 청계천은 생활 오수가 흐르는 개천이었다.

수질이 나빠 악취와 전염병의 원인이 되기도 하는 것을 영조 때 대대적으로 정비한다. 일제 강점기에 청계천으로 이름을 바꾸고 도시 계획에 따라 형태가 조금씩 정비된다.

지금도 조금만 들여다보면 참 많은 유적이 곳곳에 숨어있다.

청계천 주변은 중촌이라 한다. 북촌과 서촌은 대부분이 양반이라면 중촌은 관청이 많아서 주로 의관이나 역관 등 중인들과 시전 상인이 많이 살았다. 대표적 역관으로는 희빈 장씨의 숙부 장현과 변승업이 생각난다. 변승업은 연암 박지원의 소설 허생전의 실제 모델이라고도 알려져 있다.

청계천을 중심으로 북촌(서인중 노론), 중촌(중인신분), 남촌(남인)으로 나뉘기도 하고 웃대, 아랫대 등 분할 구역의 중심이 되기도 한다.

남촌은 주로 가난하고 청렴한 관원이 주로 살았다.

청계천 박물관

　　박물관은 크게 4구역으로 나누어져 청계천의 역사와 발전 과정 등 지루하지 않게 꾸며져 있다.

　　박물관을 나오면 맞은편에 1960년대 판잣집 체험 거리를 조성해 놓았다. 요즘 사람들은 모를 1970년 이전에 태어난 사람이나 알 것 같은 여러 소품도 반갑다.

　　　　　　　　　　　　　　　　입장료 : 무료 ♠ 다양한 체험을 할 수 있다

오간수문 · 이간수문

조선 시대 청계천의 물줄기가 빠져나가는 곳에 설치했다.

한때 임꺽정이 드나들었다고 알려져 있기도 한 오간수문은 일제가 청계천의 물이 잘 흘러가게 한다는 명목으로 헐어버리고 콘크리트 다리를 만들었었다.

현재는 그 당시 사진 자료를 통해서 복원한 것이다. 또 이간수문은 동대문디자인플라자 옆에 있다.

광통교

　조선 초 흙으로 만들어진 다리는 큰 홍수로 인해 소실되자 태종이 신덕왕후 강씨의 능인 정릉에서 석물을 가져와 석교로 만들었다고 전해진다. 지금도 광통교 아래에는 그 흔적들을 쉽게 찾아볼 수 있다.

　근대화되면서 청계천의 복개 공사를 한 회사와 다시 예쁜 개천으로 만들어 놓은 회사가 같다.

　한때는 이방원이 계모의 능을 훼손한 것을 비인륜적이라 생각하기도 하였으나 어쨌거나 그 덕분에 화려하고 튼튼한 다리를 남겨준 것으로 생각하니 이 또한 아이러니다.

오늘의 **미션**

　광통교 아래에 신덕왕후의 능에서 가져온 석물들을 찾아보자.

105

동대문 주변

동묘

　동묘시장을 가끔 지나가곤 했으나, 별다른 흥미나 안목이 없는 내겐 그냥 구제시장일 뿐이라 외면했었다. 그런데 그 한쪽에 작은 사당이 있었다.

　동묘는 동관왕묘의 줄임말로 삼국지의 영웅 관우의 사당이다.

　임진왜란 때 관우신의 도움으로 극복했다며, 명나라에서 관우 사당을 짓게 하였다. 관우는 무장으로 신뢰와 의리의 상징으로 알려져 있다. 아직도 관우장군을 신으로 모시는 무속인들이 많이 있다는 것도 놀랍다. 딱히 대단한 볼거리는 아니나 우리나라에 관우사당이 있다는 것과 근처 시장을 둘러보는 것도 재밌다.

백남준 기념관

우리나라 한옥구조 특징인 중정이 아담하고 예쁜데다, 마당에 작품들이 있어서 기념관이 한눈에 들어온다.

백남준의 부친은 방직공장을 하며 큰대문집이라 불리는 부잣집에서 태어났다. 그는 26세 때 전위예술가 존케이지(4분33초의 침묵의 음악세계로 유명한)를 만나 예술세계관이 바뀌게 된다. 공연 중에 바이올린을 때려 부순 사건으로 강한 인상을 남기게 된다.

또 유치원 동창 수필가 이경희와의 인연도 영화 같다.

전시실에는 지금은 찾아보기 힘든 아주 오래전 텔레비전과 재봉틀 책상 등이 있다.

작은 가정집 형태의 기념관은 백남준의 생애와 작품 그의 성격이나 생각 등을 알 수 있게 잘 전시되어 있다. 현대미술이 어려웠던 나에게 백남준은 비디오아티스트로 브라운관의 로봇 모양의 작품만으로 각인되어 있었다. 그러나 시간이 지나 그의 작품인 티비브라운관의 수명이 다되고 있어 작품의 수명연장이 논란이 되고 있다.

백남준 기념관은 서울시립미술관 소속이며 커피숍도 운영한다. 나는 커피를 마시지는 않았으나 커피 한잔 들고 어쩐지 정감이 가는 동네 골목길을 걷는 것도 괜찮을 듯하다.

◉ 동묘역 8번 출구로 나가서 5분정도 걸어 골목에 있다   📖 입장료 : 무료

한양도성박물관

동대문 성곽공원을 따라 올라가다보면 언덕 중간쯤에 위치한다.

한양전도를 통해서 한양을 둘러싼 산들을 중심으로 구역을 나누고 사대문의 위치까지 찾아본다.

한양은 안쪽에 네 개의 산과 바깥쪽 네 개의 큰 산으로 둘러싸여 있다.

내사산은 북쪽의 북악산(백악산), 동쪽의 낙산(타락산), 남쪽의 남산(목멱산), 서쪽의 인왕산이다.

외사산은 북쪽의 북한산, 남쪽의 관악산, 동쪽의 용마산, 서쪽의 덕양산이다.

내친김에 사대문의 방위도 찾아본다.

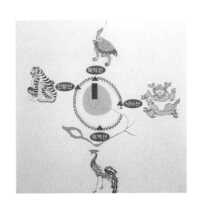

- 동 - 좌청룡 - 인 - 흥인지문
- 서 - 우백호 - 의 - 돈의문
- 남 - 남주작 - 예 - 숭례문
- 북 - 북현무 - 지 - 숙지문(숙정문)
- 중앙 - 신 - 보신각

한양의 여덟 문으로 구역을 나누어 놓았다.

- 백악지역 - 창의문(자하문. 가장 오래됨)에서 혜화문 지형이 가
  파르다.
- 숙정문은 본래대로라면 숙지문이라 해야 하지만, 지형이 가
  파르고 사람들의 왕래가 거의 없어 숙정문으로 칭했다.
- 낙산지역 - 혜화문(홍화문)에서 흥인지문까지
- 흥인지문지역 - 동쪽은 지대가 낮아, 지세의 허함을 보충하
  기 위해 옹성으로 지었다.
- 오간수문과 이간수문(DDP 공원 밑)이 있는 수로의 흔적이다.
- 숭례문지역 - 백범광장. 돈의문터까지
- 인왕산지역 - 돈의문터. 윤동주 시인의 언덕까지

비록 복제본이라 할지라도 그림과 지도가 많아서 과거의 모습과
현재를 비교해 보는 게 흥미롭다.

매번 느끼는 거지만 겸재의 당시 그림이 많이 있음에 감사하다.
정선의 화풍이 진경산수화인지라 그의 그림들로 당시 지형을 추측
해 보기 좋다.

낙산공원

한양도성박물관 3층을 둘러보고
나면 한쪽으로 나가는 문이 있는데
성곽으로 이어져 있다.

봄이나 가을에는 산책삼아 둘레
길 걷듯 다녀도 좋겠다.

오늘의 미션

한양성곽 길에서 조선시대 한양을 지키는 보초병
이 되어 여장에 서서 총안으로 성 밖을 내다보자.

106

덕수궁

덕수궁

국립현대미술관

중명전

덕수궁

경운궁 또는 정릉동행궁이라고도 불리는 덕수궁은, 임진왜란 이후 월산대군의 집터였던 것을 선조가 임시거처로 사용하였고, 광해군 때 경운궁으로 이름을 바꿨다.

후에 1907년 순종에게 왕위를 양위한 고종이 이곳에 머무르면서, 장수를 빈다는 뜻으로 덕수궁이라 부르게 되었다.

고종이 러시아공사관으로 잠시 거처를 옮긴 이후부터 서양식 건물이 지어졌다. 광해군이 선조의 계비인 인목대비를 이곳에 유폐시켰고, 근대화 물결이 들이닥쳤다.

1904년에 큰 화재로 많은 건물이 소실되어 대부분 재건되면서 서양식 건물도 많이 생겼다.

많은 전각이 있지만 그중에서 이곳만은 꼭 보자.

- 중화전 : 덕수궁의 정전
- 정관헌 : 고종이 외교사절단을 맞아 이곳에서 연회를 여는 목적으로 화려한 건축물이다.
- 즉조당 : 임금의 침전으로 인조가 이곳에서 즉위했다.
- 석어당 : 이층 건물로 인목대비가 광해군을 이 건물 앞뜰에 꿇어 앉혀 죄를 책한 곳이기도 하다.
- 함녕전 : 고종이 침전으로 사용하다 이곳에서 승하한 곳이다.

이와 같이 덕수궁은 19세기 말에서 20세기 초에 이르는 약 10년 간 나라와 왕실의 크고 작은 일들이 일어났던 곳이며, 궁내의 각 건물들이 역사적 사건의 무대로 활용되었다.

1945년 광복 후, 덕수궁 석조전에서 미소공동위원회가 열려 한반도 문제가 논의되었으며, 1947년 국제연합한국위원회가 이 자리에 들어오게 되어 덕수궁은 새로운 역사의 현장이 되었다.

📖 입장료 : 1,000원

　　덕수궁 석조전 서관으로 우리나라 근대건축양식의 대표건물
이다.

　　일제강점기에 이왕가미술관으로 개관하였다가, 해방 이후 덕수
궁미술관이 되고, 총독부박물관은 국립박물관이 되었다.

　　현재는 국립현대미술관의 분관이 되었다.

　　건물이 아름답고 얼핏 그리스 신전과
같은 분위기에, 앞의 분수대까지 조화를
이루어 유럽의 건축물 같은 느낌을 준다.

2층과 3층은 전시실로 되어있으며, 소장품도 근사하지만 수시로 특별전을 열어 언제나 흥미로운 곳이다. 현대미술관이다 보니 우리나라 근현대의 유명한 작품들을 보는 재미도 있지만, 미술관과 덕수궁 석조전으로 나오는 연결 길도 꼭 가보자.

📖 입장료 : 매 전시마다 달라진다.

중명전

중명전의 원래 이름은 수옥헌이다.

1899년 황실 도서관으로 지어졌으나, 고종이 1904년 경운궁 화재 이후 1907년까지 머물렀던 곳이다.

1905년 을사늑약의 현장인 이곳에는 당시 자료가 시간·사건 순서대로 정리되어 있다. 고종은 을사늑약이 무효임을 선언하고 국내외로 반대 활동을 하였으나, 모두 실패하고 일본에 의해 주권이 피탈되었다. 중명전은 대한제국의 가장 아픈 역사의 현장이다.

107

경희궁 주변

경희궁

경희궁은 한양의 5대 궁궐 중 가장 한적하다.

창덕궁과 창경궁은 경복궁의 동쪽에 위치해 동궐이라 부르고, 경희궁은 서궐이라 불렀다. 임진란 이후 광해군이 창덕궁을 짓고, 이궁 자리를 찾다가 선조의 다섯 번째 아들인 정원군의 집에 왕기가 서려 있다는 말에 그곳에 경덕궁을 짓기로 한다. 그곳에서 숙종과 경종이 태어났으며, 경희궁은 영조 때 경희궁으로 이름을 바꾼다.

후에 정원군의 장남인 능양군이 인조반정으로 왕위에 오르니, 진짜 왕기가 서린 터가 맞나 싶기도 하다.

그러나 시련도, 한도 많은 곳이다.

일제시대 때 경희궁의 정전인 숭정전은 조계사에 갔다가, 지금은 동국대학교 정각원이라는 법당으로 사용되고 있다. 정문인 홍화문은 이토 히로부미의 사당인 박문사의 정문으로 쓰이다가, 신라호텔의 정문을 거쳐 현재는 서울역사박물관의 주차장의 문이 되었다.

서울역사박물관 가는 길에 복원된 금천교는 제자리를 찾지 못해 어색해 보이기도 하다.

조선 후기 이궁으로 큰 비중을 차지하던 경희궁은, 서궐도를 바탕으로 재건·보수하였으나 예전의 모습을 찾을 수 없어 아쉽다.

서울역사박물관

경희궁을 둘러본 뒤에 바로 앞에 있는 서울역사박물관을 찾아 과거 서울 중심가의 옛 모습을 함께 둘러보자.

서울역사박물관은 진품을 많이 보관하고 있지는 않다. 그러나 그렇기 때문에 편하게 사진을 찍을 수 있고, 시대별로 주목할만한 자료들이 전시가 잘 되어있어 조선시대를 한번 훑어보기 좋다.

특히 고산자 김정호의 수선전도와, 도성 앞 육조거리의 모형들부터 개항기의 모습까지의 생활 모습 등이 알아보기 좋게 되어있다.

또 조선시대 사대부들의 남자와 여자들의 조성해, 문방사우와 규방칠우 등을 찾아볼 수 있다.

박물관 뒤쪽 중정 느낌의 휴게공간도 참 예쁜 곳이다.

오늘의 **미션**

궁궐 안쪽에 큰 바위가 버티고 있다.

왕암이라는 바위는 왕기가 있는 바위라 그냥 두었다고 한다.

그 바위를 찾아보자.

돈의문박물관마을

서대문의 다른 이름 돈의문.

일제강점기에 도로 직선화의 이유로 철거되어 지금은 제자리도 정확히 어딘지 알 수 없다. 이 일대가 독립운동가의 거점이기도 했다고 한다. 독립운동가인 유일한의 유한양행도 이곳에 30여 년간 있었다. 서울 서대문 쪽의 100여 년간의 역사와 건축의 흐름까지 흥미롭게 돌아볼 수 있다.

마을투어, 예술투어, 건축투어 등 다양한 체험프로그램도 있으니 사전에 꼭 일정 확인해 보고 가는 것이 좋겠다.

경교장

　대한민국 임시정부의 주석을 지낸 백범 김구가 집무실과 숙소로 사용하였던 역사적인 장소로, 1930년대 지어졌다. 2층의 단아하고 안정감 있는 구조와 아치가 아름다운 건물이다.

　경교장은 이승만의 이화장과 김규식의 삼청장과 함께 정부수립 이전에 건국활동에 애쓴 이들의 3대 요람이다.

　경교장은 금광으로 돈을 번 최창학이 지어 김구에게 기증하였다. 김구는 경구교의 약칭으로 경교장이라 했다.

　경교장은 백범 김구가 1949년 이곳 집무실에서 안두희에게 암살당할 때까지 살았던 곳으로, 신탁통치반대 국민총동원위원회를 조직하는 등 반탁운동의 중심지로서의 역할이 컸다.

　김구의 서거 당시의 피 묻은 저고리와 그의 얼굴모습 등 반드시 보아야 할 유물과, 집무실과 응접실의 모습을 볼 수 있다.

오늘의 미션

　　　윤봉길과의 사연이 담긴 시계를 찾아보자.

108

시청역 주변

구세군회관

　구세군 중앙회관 건물은 일제시절 선교사들에 의해 붉은 벽돌로 지어진 특별한 건축물이다.

　구세군은 19세기 영국 감리교 목사 윌리엄부스와 아내 캐서린 부스가 가난한 사람들의 구제와 선교를 위해 만들었다.

　옆쪽에 구세군역사전시관에 들어가면 안내를 해주시는 목사님을 만나 구세군의 역사에 관해 들을 수 있다.

　구세군은 세계경제공황시기 미국 샌프란시스코 바닷가에서 구세군 사관 조셉 맥피가 '심슨포트'라는 큰 솥을 걸어놓고 "이 솥을 끓게 합시다."라는 말을 하였고, 이에 십시일반 성금을 걷어 식사를 마련했다는 데에서 유래한다.

　지금까지도 12월에 구세군 자선냄비를 통해 모금 활동을 한다.

고종황제의 길

당시 덕수궁에서 러시아공사관으로 지나던 길을 보수 공사하여 재현해 놓았다.

덕수궁의 입장료를 내지 않고 데크로 연결지어 놓아 지나갈 수 있게 되어있다.

돌담길 따라 가는 길 화단에 조그맣게 그때 당시의 길을 여러 시간대의 지도와 평면도로 알려주고 있다.

쓸쓸하기도 한 이 아름다운 길을 따라 러시아공사관의 하얀 탑으로 간다.

구러시아 공사관

을미사변 이후 고종은 신변에 위협을 느껴 러시아공사관으로 피신한다.

당시 공사관의 방 한 칸을 빌려 쓰면서도 편안해 했다하니 당시 고종의 마음고생이 심했음을 알 수 있다. 러시아 공사관의 3층 탑 아래에 덕수궁까지 연결 통로가 있었으나, 6·25전쟁 때 불타 현재는 지하구조와 탑만 남아 안타깝다.

지하는 방음이 잘되어 무도장으로 쓰이기도 했다고 하는데 안내판에 당시의 구조물 위치가 잘 나타나 있다.

이목을 끄는 볼거리는 없지만, 아관파천의 현장을 느낄 수 있었다. 르네상스풍의 하얀 탑 언덕에서 내려다보이는 정동 공원도 예쁘다.

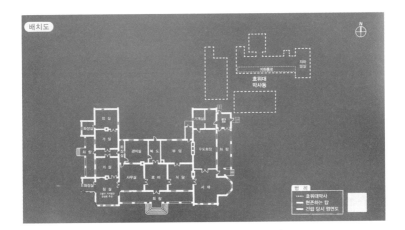

배재학당역사박물관

　　미국 선교사 아펜젤러가 세운 최초의 서양식 학교 건물이다.
1916년에 세워져, 지금도 그 흔적을 찾을 수 있다.

　　상설전시관에서 당시 시대적 흐름을 볼 수 있으며, 교실을 재현
해 놓고 교복을 입어보는 등 여러 체험도 할 수 있다.

오늘의 **미션**

배재학당 역사박물관에는 배재가 낳은 인물들이 띠 벽지 형태로 나열되
어 있다. 그중에서 우리가 아는 인물이 얼마나 되는지 찾아보자.

(주시경, 서재필, 윤치호, 이승만 등)

성공회성당

　보통 성당은 고딕양식이지만, 이 성공회성당은 로마네스크 양식으로 특별한 아름다움이 있다.

　성공회는 헨리8세가 캐서린과 이혼하고 앤과 결혼하기 위해 로마 가톨릭 교회에서 갈라져 나와 영국의 국왕으로 시작된 교회이다.

　천주교의 주교제도와 기독교의 의회제도가 절충된 열린 교회로, 나라마다 이름도 조금씩 다르다고 한다.

　성공회성당은 곁에서 보는 건축물의 아름다움도 좋지만 내부 답사도 꼭 해야한다.

　보통 해설은 은퇴하신 신부님이나 전문 해설가가 해주신다. 성당 내부의 모자이크나 건축물의 내부 구조등 보는 재미가 있다.

성당 아치형 창문의 격자무늬가 한국의 조각보를 연상케 한다.

지하에 묘소와 피부색이 검은 성모와 예수 그림도 특별하다. 이곳엔 오르간 세 대가 있는데 크고 웅장한 느낌을 준다.

성당 뒤편에 고급스런 한옥은 사제관과 사무실로 쓰이고 있다.

환구단

조선호텔 쪽으로 가면 바로 보이는 환구단. 원구단이라고도 한다.

삼국시대부터 제천행사를 행하던 우리였는데 고종황제가 대한제국을 선포하면서 하늘의 신에게 제사를 지내게 된다. 그러나 얼마 못가 일제에 의해 철거 되고 철도호텔이 들어서게 된다.

후에 다시 조선호텔로 바뀌게 되었고 지금은 아치형 문과 황궁우만 남게 되었다.

세 개의 아치형 문아래에 용 문양의 답도가 있다.

◎ 시청역에서 가깝다

109

서촌 일대

서촌은 구석구석 발 닿는 곳마다 역사가 남아 있는 곳이다.

조선 시대의 서촌은 서대문 쪽이다. 세종이 궁에 들어가기 전 살던 곳이라 세종마을이라 하기도 하며 웃골이라 불리기도 했다.

경복궁의 서쪽이며 보통 북촌에는 권문세가가 많이 모여 살았고 서촌은 중인이나 의원, 화가 등 전문직들이 많이 모여 살았다.

한때는 겸재 정선이나 추사 김정희도 이곳에 살았다.

사직단

군자는 남면이라 했다. 그래서 왕이 계신 곳에서 남쪽을 바라보고서 좌묘우사라 왼쪽에는 종묘 오른쪽에 사직단이 있다.

사직은 토지신인 국사신과 곡물신인 국직신, 두 신에게 제사를 지내기 위해 단을 쌓고 봉사하므로 사직단이라고 했다.

농업 중심국가에서 사직단은 매우 중요한 곳이다. 정기적인 제사뿐 아니라 기우제 등 나라의 큰일이 있을 때도 제사를 지냈다.

사직공원은 서울 사직단을 중심으로 하여 인왕산 남동쪽 기슭에 있다. 조선 시대까지만 해도 성역이었던 그 일대는 일제강점기에 공원을 조성한다는 구실 아래 훼손되기 시작했다.

현재 공원 내에는 종로도서관·시립 어린이도서관을 비롯하여 몇몇 공공건물이 들어서 있고, 그 밖에 활터인 황학정과 단군성전 등이 있으며, 이이·신사임당의 동상 등이 있다.

오늘의 **미션**

지도에서 경복궁을 중심으로 종묘와 사직단의 위치를 찾아보자.

배화학당

　미국인 여선교사 켐벨이 세운 학교로 일제 강점기에는 항일민족
운동에도 적극 참여하며 학생들에게 민족의식과 독립정신을 배양하
기도 한다.

　배화학당 설립 당시 미국 선교
사들의 주택으로 사용됐던 건물은
해방 후 월슨 선교사의 집으로 사
용되다가 1971년 배화여자고등학
교에 기증되었다. 학교 생활관으로
쓰이는 지금 이 건물은 문화재청
등록문화재로 지정되어 있다.

　뒤쪽 담벼락에는 필운대라고 쓰여 있다. 필운은 이항복의 호
이다. 선조 때 좌의정을 지낸 백사 이항복의 집터이다. 필운산은 인
왕산을 보필한다는 뜻을 가지고 있다. 이항복은 선조가 의주로 몽진
시 호송 공신으로 도승지 벼슬을 가졌으며, 이항복의 10대손은 독립
운동가 우당 이회영, 이시영이다.

청전 이상범 집 화실

오원 장승업의 제자로는 근대화가 안중식, 조석진이 있다. 이상범은 안중식의 제자이며 화가 박노수의 스승이다.

1921년 제1회 조선 미술 전람회 입상으로 그의 작가 활동이 시작된다. 1942년부터 1972년까지 이곳에서 살았다. 이곳에 살면서 배렴, 박노수 등의 화가를 배출했다. 이곳 누하동에서 그의 작품의 완성기를 맞았고, 삶도 마감했다.

실내에는 그의 가족이 생활하던 당시의 모습과 작업 도구들이며 작품이 전시되어 있다. 마당에 가지런히 놓여있는 장독대도 인상적이다.

골목 끝에 있는 가옥은 1030년대 지어진 도시형 한옥이다. 당시 문화예술인들이 거주하던 주택들 대부분이 비슷한 형태를 하고 있다.

이상범은 석조전에서도 그림을 그렸으며 우리가 알고 있는 충무공 이순신의 영정 그림 또한 이상범의 작품이다.

담벼락의 효제충신 문자도와 화실에 습도조절용 수조가 인상적이다.
〈초동〉이나 〈유경〉 등 그의 대표작은 한국적 정감 속에서도 특별한 따뜻함을 가지고 있다.

오늘의 미션

친일이라고 알려진 이상범은 동아일보 미술부 기자로 일한 적이 있다.

당시 그가 한 일은 무엇이었을까?

이상범 가옥 골목의 좌측은 천경자 화백의 집터이다.

박노수 미술관

친일파 윤덕영(순종효황후의 작은아버지)이 그의 딸과 사위를 위하여 지은 집으로 서울시 문화재자료 1호로 지정되어 있다.

유럽 외곽의 한가하고 단정한 느낌의 이 고택은 한옥과 양옥뿐 아니라 중국식, 일본식 등 다양한 느낌 절충으로 참 예쁜 집이다.

가옥뿐 아니라 주변 마당과 산책로 작은 연못에 수석들까지 운치가 특별하다. 작은 가옥이라 입장 인원수를 제한한다. 때에 따라서는 줄을 서기도 한다. 구립이라 무료이지 않을까 했으나 입장료 있다, 비싸지 않은 입장료가 있으니 적당히 관람하기에 입장 제한에 불만이 없어진다.

박노수는 청전 이상범의 제자로 서울대 교수를 역임했다.

배우 이민정의 외할아버지이기도 하다.

오늘의 **미션**

대표작인 '선소운' 뿐 아니라 그의 다른 작품 중 가장 마음에 드는 작품을 골라보자.

송석원

뒤쪽에는 송석원이다.

송석원은 조선 후기 중인들의 아지트였다고 알려져 있다.

송석원에서 문인 화가들이 천수경 집에 모이기 시작하면서 추사 김정희도 가끔 초대하여 평을 받기도 한다.

시간이 지나 일제 강점기에 윤덕영이 커다란 별장을 지었다. 당시 한양의 아방궁이라고 불리는 벽수산장이다.

지금은 화재로 소실되어 없어지고 동네 골목에 기둥이나 받침대로 쓰였던 석물 조각이 흔적으로 남을 뿐이다. 이유가 어찌 됐든 특별한 건축물이 없어진 것은 참 아쉽다.

주변에 겸재길, 윤동주 하숙집터와 이상의 집, 우당기념관, 보안여관, 대오서점 효자 베이커리 등 여기저기 둘러볼 곳이 많은 동네이다.

수성동 계곡

계곡 물소리가 맑아 수성동 계곡이라 이름 지어졌다는 곳으로 겸
재 정선의 산수화로 더 유명해진 곳이다. 세종대왕의 셋째아들인 안
평대군은 이곳에서 시와 서화를 즐겼다고 한다.

예전에 옥인시범 아파트가 들
어서 있다가 겸재 그림을 바탕으로
복원하였다고 한다. 그의 그림 속
에 보이는 기린교까지 참 예쁘다.

물소리가 좋은 계곡이라 하나
물은 거의 말라 그 소리를 들을 수
없다.

장마가 지나고 나면 들을 수 있을까 생각해 본다.

오늘의 **미션**

인왕산 숲길을 걷다 보면 쉼터 곳곳에서 이중섭이나 시인 이상, 화가 구

본웅 등의 작품을 볼 수 있다.

또 세종 탄신지 표지석을 찾아보자.

110

청와대 주변

청와대 사랑채

칠궁

청와대 사랑채

아주 오래전, 이곳은 참 무섭고 근처에 다니는 것도 조심스러
웠다. 지금에서야 생각해보니 그런 시절이 있었나 싶기도 하다.

입장료가 없어 자유롭게 관람할 수 있다. 다만, 해설은 오전 10시
부터 두 시간 간격으로 있다.

넓은 마당엔 꽃동산이 있어 어느 계절이고 참 예쁘다.

청와대 사랑채는 아마도 대통령이 바뀔 때마다 새로이 리모델링
을 하는 것 같다.

현재 대통령의 집무실 등이 재현되어 있어 우리가 텔레비전에서
보는 장면들 속에서 사진도 맘껏 찍는다.

청와대의 변천사와 내부시설의 영상은 참 멋지다.

절대 볼 수 없다고 생각했던 관저 내부의 장식과 건축을 보는 것
은 살짝 두근거리기도 한다.

대한민국의 발전사와 민주주의 발전과 역대 대통령들의 연혁과
함께 업적들이 나열되어 있다.

칠궁

　　조선의 왕과 왕비의 신주는 종묘에 모셔지지만, 비가 아닌 후궁들은 따로 사당을 만들었다.

　　이곳은 특별히 왕을 낳은 일곱 후궁의 사당이다.

- 육상궁 : 숙종의 후궁 숙빈 최씨. 영조의 생모이다.
- 연호궁 : 영조의 후궁 정빈 이씨. 효장세자(추존왕 진종)의 어머니로 사도세자의 형수가 된다.

- 저경궁 : 선조의 후궁 인빈 김씨. 정원군(추존왕 원종)의 어머니
  이다. 정원군의 아들이 능양군으로 훗날 인조가 되
  면서 추존되었다.
- 대빈궁 : 숙종의 후궁 희빈 장씨. 경종의 어머니이다.
- 선희궁 : 영조의 후궁 영빈 이씨. 사도세자(추존왕 장조)의 어머
  니이다.
- 경우궁 : 정조의 후궁 수빈 박씨. 순조의 어머니이다.
- 덕안궁 : 고종의 후궁 순헌황귀비 엄씨. 영친왕의 어머니
  이다.

매년 10월의 넷째 월요일에 칠궁제가 있다. 참반원으로 예약하면
들어가 볼 수 있으나 그때는 해설사가 동행하는 것이 아니라 그냥 전
통 제를 구경하는 정도이다.

오늘의 **미션**

칠궁 중 대빈궁의 기둥을 찾아보자.

다른 곳의 네모난 기둥에 반해 대빈궁은 기둥이 원기둥이다.

비록 후궁으로 생을 마감했지만, 한때 잠시라도 왕비 자리에 있었기에 그

대우를 해주는 것이라고 한다.

(천원지방의 근거로 왕과 왕비는 하늘과 같은 동그라미)

♡ 휴무 : 칠궁은 월요일, 경복궁은 화요일
(두 곳을 한 번에 둘러볼 계획이면 월, 화는 피하는 것이 좋겠다)

📖 입장료 : 무료(사전 예약 확인)

Ⓟ 주차장 : 경복궁의 유료주차장을 이용(시내 주변이 혼잡)

★ 신분증 꼭 지참

111
원서동 일대

고희동 가옥

　고희동 가옥은 원서동에 있다. 창덕궁 후원의 서쪽이라 해서 원
서동이라 불린다. 우리나라 최초의 서양화가인 고희동 화백이 일본
유학생활을 마치고 돌아와 직접 설계하여 지은 목조주택이다. 전통
가옥은 아니지만 일제강점기의 개량 한옥집으로, 근대 건축 문화재
이다. 춘곡 고희동 화백은 이곳에서 후진을 양성하고 근대적 미술단
체인 서화협회를 이끌어나갔다.

　한때 주차장 설치 목적으로 헐
릴 위험이 있었으나, 시민단체의
반발로 서울시가 매입하여 보수·
유지하였다. 현재 그의 작업실과
여러 가지 기록물과 자료, 사진 등을 볼 수 있다.

오늘의 **미션**
그의 자화상중 일본유학시절 졸업 작품은 어느 것이었을까?

우리나라 최초의 유화작품으로 등록문화재 487호는 어떤 작품이었을까 찾

아보자.

♡ 휴관일 : 월, 화 이틀이다.　📖 입장료 : 무료

아라리오 뮤지엄 인 스페이스(구 공간사옥)

　건축가 김수근작가의 작품으로 건축하는 사람들이라면 꼭 봐야

한다는 특별한 공간이다.

　상설전시가 있지만 건물의 미로 같은 구조를 따라 찾아보는 재미

도 있다.

좁은 터에 층을 올려 사무실로 사용하던 건물이라 삼각형태의 계단이나 낮은 층은 화랑으로 쓰이기엔 부적합해 보이나, 어두움과 밀폐된 공간이 작품에 더 집중할 수 있게 해준다.

남영동 대공분실도 그가 설계했다고 하는데 아마도 이 공간과 비슷한 느낌이 아닐까 생각해본다.

담쟁이로 온통 뒤덮인 검은 벽돌의 폐쇄적인 고급스러움과 한옥의 기품에 통유리의 현대적 감각의 세련미가 열린 공간에 공존한다. 담쟁이가 계절마다 아름다운 특별한 공간이다.

◎ 안국역 3번 출구에서 현대건설과 창덕궁 사이에 있다

♡ 휴관일 : 월요일

📖 입장료 : 성인 10,000원 / 청소년 6,000원 / 어린이 4,000원

헌법재판소

안국역 1번출구로 나가면 보인다. 맞은편에는 종로 경찰서가 있다. 아라리오뮤지엄에서 가깝다. 얼마 전, 대통령의 탄핵 사건으로 인해 존재자체를 알게 된 기관이다. 헌법재판소는 한 국가 내에서 최고의 실정법 규범인 헌법에 관한 분쟁이나 의의를 사법적 절차에 따라 해결하는 특별재판소이다. 나와는 상관없는 먼 곳이었는데, 견학을 통해 일반인도 접할 수 있게 되었다.

어른들에게는 매체에서나 보던 장면을 직접 보고, 아이들에게는 새로운 호기심 충족을 통해 만족감을 준다. 견학을 신청 하면 기념품도 준다. 원형의 웅장한 건물은 고급스럽고 세련됐다.

도서관도 멋있고, 옥상공원에서는 청와대도 보인다.

재동 백송

천연기념물 8호로 지정되어있다.(천연기념물 1호는 대구 도동의 측백나무 숲이다.)

이 백송의 나이는 600년 정도라 한다. 뿌리 바로 위부터 양쪽으로 갈라져 V자 모양으로 자라있다. 나무의 껍질이 커다란 조각으로 벗겨지면서 흰빛이 나서 백송 또는 백골송으로 불린다.

원산지는 중국이다. 조선시대에 중국을 다니던 사절단이나 사신들에 의해 가져다가 가꾼 것으로 추정된다.

양쪽으로 갈라진 것은 얼핏 영월의 단종의 관음송이 생각나기도 하였으나, 이 백송만의 특별함이 신비하게 보인다.

재동은 잿골에서 나온 말이다.

계유정란 때 한명회가 살생부에 의해 많은 사람을 죽이고, 그 피를 덮기 위해 재를 뿌렸다는 데에서 나온 말이다.

백송 앞에는 조선말기 박규수와 홍영식의 집을 거쳐, 갑신정변의 실패로 국가에 소유권이 넘어가 제중원이 있었다는 표식이 있다.

이곳도 참 사연 많은 곳이다.

관상감

현대건설 앞에 조선초기의 관천대인 관상감이 있다.

관상감은 서운관으로 불리기도하며, 천문 지리 명과를 관장하였다.

조선시대 세조 때에 이를 관상감이라 개칭해 예조에 속하게 하였다. 연산군 때에는 사력서로 개칭했다가, 중종 때에 다시 관상감으로 환원하였다.

농사가 중요하던 조선에서 관상감의 천문 기상 변화는 매우 중요했을 것으로 생각된다.

아마도 지금의 기상청처럼 가물거나 홍수 시에는 관상감의 관리들도 좌불안석이었을 것이다.

112

안국역 주변

운현궁

흥선대원군의 사저로 둘째 아들인 고종이 태어나서 12살까지 자란 잠저(왕이 되기 전에 살던 곳)이다. 고종이 왕이 되고 이곳에서 나라의 정세에 관여하다 임오군란 때 청나라로 잡혀가기도 한다.

이후 청 원세계와 입국하여 운현궁에 칩거한다.

노안당은 정치 사랑방이라고 한다. 이곳에서 경복궁 중건이나 서원철폐, 비변사 폐지 등 많은 일을 했다고 생각하니 유달리 다시 보게 된다. 노안당의 편액은 김정희의 글씨라고 들었으나 연도상 이미 추사가 타계한 후이므로 김정희의 글씨를 집자해서 만든 것이다.

노락당은 명성황후가 이곳에서 신부수업을 받고 고종과 가례를 했던 곳이다. 툇마루에 앉으면 여름에도 바람이 불어 시원할 것만 같다.

이로당은 여자들의 공간으로 밖으로 연결되지 않은 폐쇄적인 공간이다.

　한때는 왕의 궁궐만큼 규모가 컸으나 지금은 이로당, 노락당, 노안당 등 얼마 남지 않았다. 단청하지 않아도 소박해 보이지 않음은 당시 궁궐보다 더한 권세를 지녔던 이력을 알고 있어서 인지도 모르겠다.

　작은 역사관에서는 의상 체험도 가능하다. 그냥 일반적인 한복 말고 관리나 궁녀 복을 입고 사진 찍어보는 것도 재밌겠다.

　운현궁 매표소 뒤쪽으로 포토존이라고 쓰여 있다. 그곳에서 사진을 찍으면 잘 나오려나 싶어 둘러보니 양관이 보인다.

　운현궁의 양관은 본래 대원군의손자인 이준의 저택으로 지었으나 이준이 죽은 뒤에 순종의 동생 의친왕의 아들 이우가 살기도 했으며 한때는 백범 김구 선생의 집무실이기도 했다고 한다.

지금은 덕성여자대학교의 건물 일부이지만 얼마 전 '도깨비'라는 드라마에 나오며 급유명세를 타고 사람들의 왕래가 잦아지면서 관계자 외 출입 금지가 되어버렸다.

오늘의 **미션**

운현궁과 하늘과의 거리는 얼마나 될까.

우정총국

갑신정변의 현장이다. 1884년 김옥균을 비롯한 급진개화파가 조선의 자주독립과 근대화를 목적으로 일으킨 정변이다. 청의 개입으로 갑신정변이 실패하고 일본과 중국으로 망명 피신하게 된다.

김옥균만 30대이고 나머지는 20대 청년들이다. 그들의 젊은 생각이 성공했더라면 얼마나 달라졌을까 하는 쓸데없는 생각을 해보기도 한다.

좌부터 박영호 서광범 서재필 김옥균

그저 시서화 삼절로 유명한 줄만 알았던 지석영의 형 지운영을 자객으로 일본으로 보냈다고 한 것도 새로 알게 된 사실이다. 유물을 본다기보다 그림과 지도 등으로 당시 사건들이 잘 정리되어 있다.

뒤편으로 해가 잘 들지 않아 살짝 으슬으슬한 곳에 충정공 민영환 동상이 외롭게 서 있다. 을사늑약 후 자결했다고 알려진 민영환이다.

주변에 안동별궁터와 공사관터, 도화서터, 감고당터 등 여러 표지석이 있다. 안동별궁터는 보통 종친들의 집으로 왕족들의 가례를 행하던 곳이다. 서광범의 집으로 연결되기도 한다.

오늘의 미션

지도에서 갑신정변시 김옥균등 주모자들의 이동경로를 찾아 그려보자.

📖 입장료는 없고 지키시는 분이 있다

감고당터

감고당터는 덕성여고 정문 앞에 있다.

감고당 건물은 여주 명성황후 생가터로 옮겨졌다. 그저 터 표지석만 있을 뿐이나 숙종의 계비 인현왕후가 왕비 자격을 잃고 나와서 기거하던 곳이라고 하니 눈길이 한 번 더 간다.

조계사

우정총국 바로 옆에는 조계사이다.

조계사도 도성 안에 있는 큰 절로 참 많은 사연과 자부심을 가진 사찰임에도 어딘가 아쉬운 마음이 든다.

불교중앙박물관이 있다. 다양한 불기와 경전 등을 볼 수 있다.

당연한 이야기겠지만 초파일 주변은 사람이 너무 많다.

알고 보면 재미있는
서울 주변 답사 기행

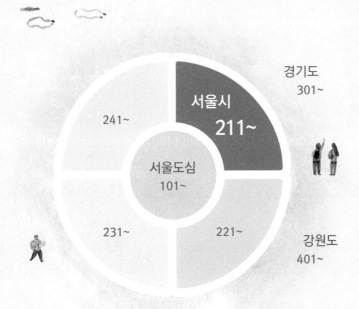

경기도
301~

서울시
211~

241~

서울도심
101~

231~

221~

강원도
401~

211
도봉구

노원구에 사는 나에게 도봉구는 가까운 편임에도 아는 것이 없었다. 그저 우이동의 계곡 맛집 가는 길일뿐이었는데, 이렇게 많은 위인들의 삶이 담겨 있는 곳이라니 놀랍기만 하다.

먼저 평소 좋아하던 간송 선생님 가옥을 가보기로 한다.

간송옛집

간송 전형필은 말하면 입 아픈 우리나라 문화재의 수호신이다. 그의 수집 방법이 특별하다. 문화재를 팔려는 이에게 간송은 그가 제시한 가격보다 수배를 더 주고 사기를 자청했다. 이것이 소문이 나 귀한 물건을 팔고 싶은 사람들은 먼저 간송을 찾아왔다.

간송의 집안은 손이 귀한 집안이었다. 덕분에 작은 아버지의 유산 또한 물려받아 재산이 많았다.

그가 사들였던 대표 문화유산 가운데 훈민정음 해례본은 거액을 주고 구입하였으며, 전쟁 중 피난 시에도 꼭 챙겼다고 한다. 해례본이 얼마 전에 하나 더 발견되었으나 소유권 분쟁으로 확인하지 못하고 있으니 그저 안타깝다.

가옥은 ㄱ자 형태이며, 물확이 인상적인 목조 기와지붕과 누마루가 예쁘다. 이렇게 예쁜 가옥에서 바람이 살랑살랑 부는 가을날 누마루에서 따뜻한 차를 마시면 정말 좋겠다는 생각을 해본다.

건물 옆으로는 그와 그의 작은아버지 양부의 묘가 잘 정비되어 있다. 간송이 어릴 때 작은 아버지 양자로 입적되어 작은아버지의 유산까지 받아 엄청난 재력을 가질 수 있었기에 가능했나 싶기도 하다.

전형필 가옥은 한때 재실로도 사용되었고, 지금은 묘소 아래에서 작은 음악회도 한다.

오늘의 **미션**

간송이 수집한 수많은 작품 중 김홍도의 화묘농접 그림을 찾아보자.

우리가 알고 있는 김홍도 스타일이 아닌 따뜻한 고양이가 나비를 바라보는 것으로, 70을 상징하는 고양이가 80을 상징하는 나비를 바라보는 것으로 장수를 기원하는 그림이다.

◎ 4호선 쌍문역에서 마을버스로 이동하면 쉽다. 방학동 성당에서 가깝다

📖 입장료 : 무료 ℗ 공영주차장 : 무료

정의공주묘

방학동에서 우이동으로 넘어가는 길가에 아담하게 정돈된 정의공주묘이다.

근처에 나의 할아버지와 할머니의 산소가 있어 더 가깝게 느껴지는 곳으로 계절별로 자주 가는 곳이기도 하다.

정의공주는 세종대왕의 딸로 남편 안맹담과 함께 있다.

정의공주는 문종의 누이동생이자 세조의 누나이다.

훈민정음 창제당시 정의공주가 다른 대군들이나 고관들도 풀지 못하는 변음토착을 풀어 세종을 크게 기쁘게 하여 세종이 총애하였다는 일화가 전해진다.

정의공주묘는 직접 들어가 볼 수는 없었다. 정의공주묘에서 찻길 건너 조금만 들어가면 연산군묘가 있다.

연산군묘

연산군은 폐위된 왕이기에 능이 아닌 묘라고 칭한다.

연산군의 아버지인 성종은 12명의 부인들이 있었다. 유명한 폐비 윤씨는 첫 번째 정비인 공혜왕후 한씨 이후 두 번째 계비이다.

공혜왕후 한씨가 자식이 없이 사망하고, 후궁 중에 검소하고 예의바른 윤씨가 낙점되어 왕비가 되었다.(조선초기에는 정비가 죽으면 후궁 중에서 계비를 뽑았으나 숙종 이후로 후궁이 왕비가 되는 것을 법으로 금지하였다.)

야사에 폐비윤씨가 질투에 용안에 상처를 냈다하여 이로 인해 폐비가 되고 (인수대비가 남편을 하늘로 알고 내조하라는 뜻이 담긴 책인 내훈이 만들어진 상황에서 윤씨의 행동은 지탄받아 마땅한 상황이었다.) 폐비윤씨는 근신 중이었으나, 전달자의 거짓보고로 사약을 받고 죽게 된다.

연산군은 정현왕후가 엄마인줄 알고 자랐으며, 따뜻한 모정을 느끼지 못한듯하다.

어린 시절 일화 중, 밖에서 무엇을 보았느냐는 성종의 질문에 궁 밖을 다녀온 연산군은 어미 말과 망아지의 모습이라고 대답한 것을 미루어보아 애정결핍이 아니었을까 추측해본다.

연산군은 후에 성종의 묘지석에 대해 의문을 갖고 비밀을 캐기 시작했다.

성종 후궁의 아들들에게 어머니를 때리게 하였으며, 월산대군부인을 겁탈해 부인이 자결하는 등 그가 저지른 패악들이 조선왕조실록에 그대로 기록되어 있다.

이는 중종 때 반정의 타당성을 위해서 더 가감 없이 실린듯하다.

연산군은 강화도 교동에서 사망하여 그곳에 매장되었다가, 이후 양주군을 거쳐 현재 도봉구 방학동으로 이전되었다.

맨 위 왼쪽 묘가 연산군이며, 그 옆이 부인 신씨이다.

두 번째 줄 네모난 각을 지닌 묘는 태종의 후궁 의정궁주의 묘이다. 의정궁주는 태종의 후궁이나, 한 번도 태종을 만난 적 없는 그녀의 삶 또한 안타깝다. 공주도 아니고 궁주라는 익숙하지 않는 작호는, 빈으로 책봉되지 못한 채 태종이 승하하자 붙여진 것이다. 궁주는 고려와 조선 초기까지만 쓰이다가 차츰 없어진 듯하다.

방학동 은행나무

묘를 둘러보고 건너 골목에 들어서면 거대한 은행나무가 있다. 고려시대부터 있었다는 이 은행나무는 서울시 보호수 1호이다. 나무에 불이 날 때마다 나라에 큰 일이 있었다고 하니 영험한 나무인가 보다.

보호수로 지정되어 직접 두 팔 벌려 나무를 안아볼 수는 없지만, 멀찍이서도 600년 내공이 느껴지는 나무다. 이 은행나무를 지나면 주택가 골목 안쪽에 김수영 문학관이 있다.

김수영 문학관

김수영은 종로구 관철동에서 8남매 중 장남으로, 조부의 사랑을 듬뿍 받고 자랐다. 유치원도 다녔으며, 보통학교 시절 폐렴 뇌막염으로 요양하고 선린상고 이후 일본으로 유학을 떠났다.

절친 고광호의 누이를 좋아해 따라갔으나, 만나지 못했다고 하니 이 역시 참 안타깝다.

부인 김현경은 김수영 시인이 포로수용소에 있을 당시 김수영 시인의 친구와 살림을 차렸다고 한다. 김수영은 후에 생계를 위해 닭을 치며 살았는데 큰 돈벌이는 되지 않았다.

하루는 친구가 "자네 주머니에 2800원이 있겠군." 했는데 실제로 김수영에겐 2800원이 있었다. 책을 판 3000원의 수입에 200원 담뱃값을 제한 금액이다.

그만큼 유흥을 즐기는 사람은 아니었다.

또한 첫째아들은 부인을 닮았는데, 둘째 아들 우가 10원을 주면 1원어치 풀빵을 사고 9원어치 책을 빌려보는 것을 두고 자기를 닮았다고 기뻐했다는 일화를 보면 부인과 금슬 좋은 사이는 아니었을 거라고 조심스레 추측해 본다.

김수영은 박인환과도 사이가 나빴다고 한다.

오늘의 미션

김수영 문학관 이층에는 시 낭독실이 있다.

그곳에서 김수영의 시 한편을 찾아 낭독해 보자. 녹음도 할 수 있다.

함석헌 기념관

함석헌(1901~1989)은 조선시대에 태어나 일제강점기와 대한민국의 수립, 유신 민주를 지나 올림픽까지 산 역사의 증인이다. 그의 마지막을 통해 그분의 삶을 들여다보는 소중한 시간이 되었다.

함석헌 선생이 생활하셨던 이곳에서는 그의 유품 전시와 행적을 발간한 책들, 동영상 자료 등을 전시하고 있으며, 그 외 세미나실, 게스트룸 등 다양한 주민 편의시설이 있다. 그는 씨알의 소리를 창간한 우리나라 인권운동가이기도 하고, 노벨 평화상 후보에 오르기도 하였다.

기독교에 심취하여 『성서적 입장에서 본 조선 역사』등 여러 저서들과 폭력 거부에 민주화 운동에 앞장서 한국의 간디라고도 불린다.

칼을 들고 무장독립운동을 하시다가 돌아가신 분들도
시로 민족정신을 다독여주시는 분들도
가진 전 재산을 털어 문화재를 지켜주신 분들도
감히 존경이란 말이 부끄럽게 느껴지는 시간이다.

도봉구 주변에는 둘러볼 곳도 많은데다 무료입장이다. 멀지 않은 곳에 우이동 북한산자락 둘레길과 먹자골목도 있어, 하루 날 잡아 둘러보고 맛집 찾아 밥 먹고 산책하기도 참 좋다.

하나 더,
강북순례의 백미는 역시 늦가을이다.
오래된 은행나무(수나무라 은행 특유의 냄새가 없다) 주변의 공원도 그렇거니와 간송가옥에서도 은행잎 비를 맞는 특별한 순간을 맛볼 수 있다.

212
석관동

석관동 의릉

석관동 의릉

의릉은 조선 20대 왕 경종과 선의왕후의 능이다. 경종의 첫 번째
왕비 단의왕후는 혜릉(동구릉)이다.

능역의 폭이 좁아 동원상하릉으로 되어 있으며 병풍석은 생략하
고 난간석만 있으며, 곡장은 경종 무덤에만 있다. 규모는 작아도 금
천도 형성되어 있다.

아주 오래전에는 의릉 근처에 안기부(국가 안전기획부)가 자리하고
있었다. 지금은 없어지고 한국예술종합학교가 들어섰다.

왕릉이 다듬어지고 관리가 되면서 동네도 깔끔해진듯하다.

모든 왕릉들이 그렇듯이 화려했던 생전의 모습에 비해 어딘지 쓸쓸해 보이나 의릉은 어쩐지 더 애잔한 느낌이다.

아버지 숙종과 동생 영조의 업적이 화려하다보니 상대적으로 존재감이 미미하기도 하다.

- 영조의 경종 독살설 -

인원왕후와 연잉군 시절, 경종이 연잉군(영조)이 올린 게장과 곶감을 먹고 돌아가셨다는 설로 영조는 재위기간 내내 스트레스를 받았다고 한다.

경종은 33세에 즉위하여 4년간 재임했으며 자식은 없었다.

한국예술종합학교 지나 천장산 산책길 주변으로 회색 콘크리트 건물이 보이는데 그 건물이 바로 구 중앙정보부 강당이다.

213

회기동

경희대학교 중앙박물관

연화사

세종대왕기념관

경희대학교 중앙박물관

주말에 문을 열지 않아 평일에만 관람이 가능하다. 무료관람이지만 유물이 많아 가보기 좋은 대학박물관중 하나이다.

도서관 건물 안에 위치해 있어 학생들이 공부하는 모습을 볼 수 있다. 적당한 자극이 되기도 하는 기분 좋은 곳이다.

구석기 유물부터 신라 유물, 기와, 불교 유물까지 다양하다.

경희대학교 캠퍼스는 봄꽃이 만연한 학교이기 때문에 봄에 가는 게 참 좋다. 벚꽃이 필 즈음 카메라를 들고 교내 여기저기 다녀보는 것도 나쁘지 않다.

연화사

경희대학교를 나오면 바로 옆에 경희의료원이 있다. 그 의료원 뒤쪽으로 작은 절이 있다. 연화사이다. 연화사는 폐비윤씨의 원찰로 알려져 있다.

작은 절이라 아쉬운 마음이 들 수도 있으나, 지방문화재로 지정된 불화 여러 점을 볼 수 있어 매력적인 곳이다.

세종대왕 기념관

　세종대왕의 업적과 일대기가 정리되어있어 한번 정도 둘러보기 좋다, 유물들이 복제본이라 큰 감동은 없을지라도, 공부삼아 보기에 적당하다.

　마당에는 영릉(세종대왕과 소헌왕후 심씨의 무덤)에 있던 석물들이 있다. 수표와 해시계 등 당시의 과학기구들도 보자. 낮은 언덕의 중턱에 신도비가 있다. 안평대군이 썼다고 하나 워낙에 풍화가 심해 알아보기 힘들었고, 보호용으로 쳐진 울타리도 답답하다.

　근처에 홍릉 수목원과 영휘원도 있으니 시간과 기운이 된다면 온 김에 둘러보는 것도 나쁘진 않겠다.

오늘의 **미션**

절기까지 알 수 있는 앙부일구를 보며 시간 읽는 법을 찾아보자.

214

혜화동

경모궁지

서울대학교 의학박물관

창경궁

경모궁지

한때는 젊은이의 거리로 유명하던 대학로. 90년대 초반에는 차없는 거리로 도로에 앉아 맥주를 마시기도 했던 기억이 난다. 혜화역 3번 출구로 나가면 서울대학병원이 있다. 서울대병원 안으로 가다가 언덕 오르기 전 오른쪽 샛길로 들어가면 경모궁지를 찾을 수 있다.

경모궁지는 이전에 함춘원지였다. 함춘원은 조선시대 왕실 정원이라 할 수 있다.

연산군시절에는 그곳에 살던 백성들을 내보내고 사냥터로 쓰이기도 했다.

영조 때 사도세자의 사당을 짓고, 정조 연간에 경모궁이라 칭했다. 정조가 왕이 되고 사도세자 사당을 한 달에 한 번씩 찾아가기 위해 만든, 창경구에서 서울과학관쪽으로 난 작은 문이 하나있다. 월근문이다.

월근문은 정조가 아버지 사도세자의 사당을 한달에 한번씩 찾아

갈 때 지나던 곳이라 한다. (돌아갈 때 돌담길 지나다가 월근문도 찾아보자)

나중에 사도세자는 고종 때 장조고황제로 추존하여 종묘 영녕전
에 들어가게 된다.

지금은 비록 터만 남아
아쉽지만 당시 정조는 어
떤 마음으로 이곳을 드나
들었을까 생각하니 안타
까운 마음이 들기도 한다.

서울대학교 의학박물관

가장 오래된 근대병원 건물인 대한의원은 광제원과 경성의대를
거쳐 서울대 의과대학으로 발전한다.

네오바로크 양식으로 좌우대칭이며, 입구는 자동차 진입을 위한 드라이브인 포츠 형식이다.

선생님께 들은 이야기중 지석영이 종두 예방주사를 실험 대상이 없어서 처남에게 했다는 이야기가 재밌다.

2층은 전시공간이다.

근현대 의료의 역사를 보여주는 각종 자료 및 기증품 등으로 구성되어 있다.

특히 산부인과 분야는 흥미롭다. 당시 산부인과 의사인 윤치왕은 윤치호의 동생이며 윤보선의 집안이다.

최초의 무통분만은 누구였을까? 영국의 빅토리아 여왕이다.

우정국 사건 시 민영익이 중상을 입자 선교사 알렌이 치료하였는데, 명성황후가 그 보상으로 서양식 국립병원 제중원을 지어주었다. 제중원은 후에 세브란스로 이름을 바꾸게 되는데, 서울대병원과 연세 세브란스병원이 서로 우리나라 서양식 병원의 시초라 다툰다.

과연 어디가 우리나라 최초의 병원일까?

입장료 : 무료
★ 시계탑의 한정 관람시간과 식사시간 등을 알아보고 가는 것이 좋다

창경궁

창경궁은 성종 연간에 위로 홀로 된, (세조, 덕종, 예종의 비) 세분의 대비들을 위한 특별한 별궁을 수강궁터에 지은 것이다.

일제강점기에 순종을 위로한다는 명목으로 동물원과 식물원을 들여놓아 창경원으로 격하되어, 한동안 벚꽃놀이 가는 소풍장소로 사용된 적이 있다. 실제 나도 어릴 때 창경궁이나 경복궁으로 소풍이나 사생대회등을 다녔기도 하다. 지금은 동물들은 과천으로 보내졌고 많던 벚꽃나무들은 여의도로 옮겨 심었고, 그 자리에는 잘 다듬어진 소나무가 자리를 되찾았다.

왕은 남면한다. 즉 궁궐은 남향이어야 하나, 창경궁은 동향이다. 보통 궁궐에는 명당수가 흘러 나가야 하는데, 물길이 없어서 인위적으로 만들어 춘당지를 거쳐 흐르게 하였다. 창경궁의 금천교의 이름은 옥천교이다.

　　사도세자의 현장이 있던 창경궁은 사연이 많은 곳이다. 숙종 때
인현왕후와 장희빈 사연으로 왕비 전각인 통명전에 저주하는 흉물
을 묻었다고 하는데 후에 주변에서 잡뼈가 나오기도 했다고 전해
진다. 통명전에는 용마루가 없다. 이는 세자가 태어날 자리이므로 용
위에 또 용이 있을 수 없다 하여 왕비의 전각에는 용마루가 없다.

오늘의 **미션**

서울대병원 안쪽에 암센터가 있다.

6층은 옥상정원 휴게실이 있는데 이곳에서 창경궁이 다 내려다보인다.

홍화문과 정면으로 마주보는 위치에 있어 한눈에 보기 좋다.

환자와 보호자들에게 방해가 되지 않게 조용히 다녀오자.

215
월계동

각심재

초안산 근린공원

각심재

　각심재는 원래 종로구 경운동에 있다가 예안이씨 문중에서 월계동으로 이전하여 재실로 사용하며 각심재로 편액한 것이다.

　1930년대 일제강점기에 지어진 우리의 전통한옥과 일본식 가옥이 적당히 어우러진 독특한 모양이다.

　건축가 박길용의 작품으로 간송미술관과 화신백화점을 설계했다.

안채와 사랑채가 혼합된 H자 형태로 인사동 천도교 옆 민가다헌
과 같은 건물이다.

주변 지명이 재미있다.

조선 명종때 이명이 청백리였기 때문에 각심재 바로 앞 아파트
이름이 청백아파트이며, 녹천역이라는 역명은 광평대군 후손인 이
유의 호가 녹천이다. 근처에 사슴아파트의 이름도 같은 맥락이다.

각심재를 돌아나오는 길 주변 담에도 내시와 상궁들의 벽화로 꾸
며져 있다.

초안산 근린공원

동네 놀이터인양 시민들의 휴식공간인 공원 한쪽에 망주석과 문인석들이 있다.

문인석만 있고 무인석은 없다. 군사권은 왕에게만 있기에 왕릉에만 무인석이 있다.

참고로 문인석의 관모는 두 가지 형태로, 초기에는 복두공복형(의자처럼 ㄴ자모양)이었으며 후기에는 금관조복형(양머리처럼 곱슬거리는 모양)이었다.

이 내시묘들은 모두 경복궁을 향하고 있다.

내시묘들은 관리하는 자손이 없어 방치된 감이 있어 조금은 안타깝다.

오늘의 미션

내시군 묘를 돌면서 산책길 도중 상석과 문인석들을 몇 개나 찾을 수 있을까?

216

수유

수유 근현대사 기념관

윤극영 가옥

4·19 기념관

수유 근현대사 기념관

우리나라 근대의 시작은 가히 동학농민운동부터라고 할 수 있다.

동학농민운동은 반봉건 반외세적 성격을 가진 민중 운동이다.

동학의 핵심 사상은 '인내천'으로 사람이 곧 하늘이라는 뜻으로 인간존중과 평등사상을 가지고 있다.

원탁 느낌의 사발통문은 주최가 누군지 알 수 없게 만든 문서이다. 을사늑약으로 인한 헤이그 특사와 소작쟁의 등 조선말의 상황에서부터 일제강점기의 민족저항운동에 대해 자세하고 어렵지 않게 볼 수 있다.

잘 몰랐던 수많은 독립운동가에 대해서 한 번 더 생각해 볼 수 있는 시간이다.

해설사분들이 상주하고 있어서 신청하면 바로 자세한 이야기 들을 수 있다.

오늘의 **미션**

사발통문에서 우리가 알고 있는 전봉준의 이름을 찾아보자.

윤극영 가옥

서울미래유산 1호로 주택가 한쪽에 작은 가옥이다.

동요 〈반달〉, 〈까치까치설날〉, 〈우산 셋이 나란히〉의 작곡가 윤극영 가옥이다.

일제강점기에 소파 방정환님과 함께 색동회를 만들어 아이들을 위한 활동을 하셨다. 지금은 보기 어려운 풍금과 작사, 작곡한 자료들이 있다.

윤극영님은 종로 소격동에서 출생하시고 경성고등보통학교를 거쳐 일본 동경음악학교에서 성악을 전공하셨다.

친일 논란이 있었으나 양심선언을 한 시를 보면 그 당시 문인들의 고뇌를 엿볼 수 있다.

수유동은 88세 마지막까지 살던 집이다.

오늘의 **미션**

요즘은 예전 동요들을 잘 부르지 않는다.

윤극영 작사, 작곡 노래를 찾아 불러보자.

📍 지하철 4호선 수유역 4번 출구에서 마을버스 이용

🕐 매일 10:00 - 18:00　📖 입장료 : 무료

4·19 기념관

　4·19 혁명은 대한민국 제1공화국 자유당 정권이 이기붕을 부통령으로 당선시키기 위해 부정선거에 반발하여 부정선거 무효와 재선거를 주장하는 학생들의 시위에서 비롯된 혁명이다.

　시작은 3.15 부정선거의 무효를 주장하던 마산 시위에서 마산상고 김주열 학생이 최루탄에 눈을 맞고 마산 앞바다에서 시신으로 떠오른 것을 시작으로 전국적으로 번지게 되었다.

　4월 19일 대통령 관저인 경무대로 몰려드는 시위대를 향해 경찰이 발포하면서 시위대가 무장하게 되고 무력 충돌 후 이승만의 하야로 마무리 되었다.

　공원 뒤쪽으로 묘지가 있다.

다양한 사진 자료와 역대 대통령의 친필 방문 사인을 보는 재미
도 있다.

4·19 기념탑 공원이 잘 조성
되어 있어서 따뜻한 봄날 소풍
삼아 나가도 좋다. 연못도 있어
커다란 잉어도 볼 수 있으며 주
변에 나름 맛집도 많다.

오늘의 **미션**

근현대사 기념관 뒤로 순례길이라 칭하기도 하는 산 둘레길을 걸으면서
많은 독립운동가의 묘지를 하나씩 찾아보자.
단, 너무 더운 한여름은 피하는 것이 좋겠다.

217

성북동 일대

심우장

'소를 찾는 집.' 무슨 뜻일까 찾아보니 소는 불교에서 '참 생명', '참 나'를 의미한다.

참 나를 찾는 집이다.

이 가옥은 북향이다. 보통 남향을 선호하는 우리나라에서 북향으로 지은 이유는 조선총독부 건물을 보지 않기 위함이라는 말에 그의 완고함이 느껴진다.

소박한 가구와 단정한 가옥의 마당에 서 있으면 어쩐지 서늘함이 느껴진다.

한용운은 스승에게 영환지략이라는 책을 받고 새로운 세상을 깨닫는다. 3·1 독립선언서의 민족대표 33인 발기인 중 한 분으로 끝까지 변절하지 않으셨다.

광복을 보지 못하고 돌아가신 그분의 마당에서 툇마루에 앉아 만해 한용운님이 직접 심었다는 향나무를 보며 산 중턱에 위치한 이 집에 수많은 독립운동가가 드나들었을 상상을 해본다.

나혜석과 염문을 뿌리기도 한 최린이 나중에 변절하여 만해를 회유하려고 찾아왔으나 만해는 만나주지 않았다. 오히려 그의 딸이 받은 돈을 최린에게 집어 던졌다는 일화는 유명하다.

한국가구 박물관

개별관람은 불가이다. 반드시 예약해야 하고 해설사와 함께 둘러볼 수 있다.

정미숙 관장님은 국회의원 정대철 집안이라고 한다.

한국가구박물관은 박물관 내에 소장품 보는 재미도 있지만, 우리나라 궁채 한옥으로 유명하다.

우리나라 한옥의 한 칸(기둥과 기둥 사이)이 보통의 사대부 집안에서는 2.4m인데 궁 규격은 3m이다.

가이드 투어의 느낌이지만 실로암 샘 위 가옥 형태와 이음새 없이 자른 불로문, 창경궁에서 가져온 반달 모양 막새기와 등을 보고, 신기하게 느껴지는 우리의 전통 가구들을 하나씩 보면서 한 바퀴 돌고 나오면 짧은 포토 타임을 가질 수 있다.

반드시 날이 좋을 때 가야 한다.

그래야 멋들어지게 꺾어진 소나무들 사이로 도성 안의 모습과 성곽길 남산까지 한눈에 내려다볼 수 있다.

♡ 일요일 휴무   📖 입장료 : 20,000원
Ⓟ 주차장 : 넓고 대기실도 한옥 건물의 느낌을 살렸다

간송 미술관

간송 전형필이 33세 때 세운 우리나라 최초의 근대식 사립미술관이다. 건축가 박길용의 설계로 지어졌으며 간송의 스승인 오세창이 보화각이라 이름 붙였다.

후에 간송 사망 후 간송미술관으로 이름을 변경하였다.

사재로 사들인 수많은 우리 문화재를 지켜온 문화재의 수호신이라 불리는 간송 전형필선생님을 다시한번 기억해보자.

선잠단지

고대 중국의 신농씨에게 제사 지내던 의식을 기원으로 조선 시대 왕들은 선농단에서 친히 밭을 갈며 백성들에게 농사의 소중함을 알리고 풍년을 기원하는 제사를 지냈다.

왕비는 선잠단에서 양잠, 누에치기하였는데 현재는 터만 남아있으나 주변에 뽕나무들이 지켜주는 기분이다.

이곳도 딱히 크게 볼거리가 있는 것은 아니다. 근처에 온 김에 들러보는 정도이다.

최순우 옛집

1930년대 근대 한옥인 최순우 옛집은 특이하게 시민들의 성금으로 매입하여 보전되었다. 작고 아담한 가옥으로 마당 안쪽에 마치 자연이 들어온 듯 따뜻하다.

뒤쪽으로 돌아가 툇마루에 앉거나 돌의자에 잠시 앉아 휴식을 취하기 참 좋다.

비가 오는 날 가면 기와와 물확에 또르르 흘러내리는 물줄기를 보는 즐거움이 있다.

길상사

법정 스님의 무소유를 읽고 감동한 김영한이 성북동에 있는 고급 요정인 대원각을 시주하였다.

김영한은 기생 진향이었으며 천재 시인 백석과 사랑하는 사이였다. 그러나 백석 집안의 반대로 정략결혼을 하게 된 백석은 결혼식 날 만주로 도망가자 하였으나 김영한이 가지 않아 혼자 만주로 갔다가 백석의 월북으로 헤어지게 되었다.

백석 시인이 지은 애칭 자야로 더 많이 알려졌지만 법정 스님이 길상화라는 법명을 지어주었고 절 이름도 길상사가 되었다.

길상사의 주불전은 대웅전이 아닌 극락전이다.

법정 스님의 발원에 독실한 천주교 신자인 최종태 작품인 관음보살상은 얼핏 성모상 느낌이다.

오늘의 미션

길상사에서는 법정스님의 유해와 그분의 의자를 찾아보자.

그리고 근처에 수연산방이라는 찻집도 들려보자.

소설가 이태준이 1930년대 살면서 달밤이나 황진이 등을 집필했던 곳으로 현재는 수연산방이라는 찻집으로 운영되고 있다.

별채에는 구인회 인물들의 생가와 작품 등이 전시되어 있다.

◎ 한성대 입구 6번 출구에서 03번 버스 슈퍼 앞 하차

Ⓟ 주차는 힘들다. 대중교통으로 가고 날 좋을 때 살살 걸어도 좋은 길이다

🍴 근방에 기사식당으로 유명한 맛집들도 있다

218
화랑로

태릉

강릉

육사박물관

태릉

태릉은 중종의 두 번째 계비 문정왕후 윤씨의 무덤이다.

중종의 첫 번째 왕비는 진성대군 시절 혼인하여 7일의 왕비로 유명한 단경왕후 신씨이다. 신씨는 신수근의 딸로 반정공신과 대립으로 내쫓기고 인왕산의 치마바위의 주인공이 된다.

계비 장경왕후 윤씨는 인종을 낳고 인종이 세 살 때 사망한다.

그 후에 들어오게 된 문정왕후 윤씨.

인종이 친어머니처럼 모셨다고 하나 문정왕후는 친자식이 중요했으리라. 나라의 임금인 명종의 종아리를 쳤다는 이야기도 있는 걸

보면 성정이 온화하지는 않은듯하다.

결국 인종이 조선왕들 중 가장 짧은 재위 기간인 9개월 만에 죽고 명종이 왕위에 오르게 된다.

작서의 변으로 경빈 박씨와 복성군을 제거하므로 명종의 든든한 뒷배가 되어준 것으로 보인다. 그러나 악행 때문이었을까. 명종의 아들 순회세자가 13세에 사망하므로 명종 때에 대가 끊기게 된다. 조선역사상 처음으로 방계에서 왕이 나오게 된다. 그가 선조이다. 선조 때부터 당파싸움이 시작되기도 하고 임진란을 겪으면서 참 힘든 시절을 겪게 된다.

중종은 살아서는 참 여복이 많은 왕이었다. 세 명의 정비와 7명의 후궁이 있었으나 죽어서는 모두 뿔뿔이 흩어져 다 따로따로 있게 되어있는 것을 보니 참 인생 뜻대로 되는 게 아닌가 보다.

중종은 처음에 서삼릉에 장경왕후와 함께 묻혀있었으나 문정왕후가 풍수상의 이유를 들어 지금 강남 삼성동의 정릉으로 이장시킨다. 그러나 못자리에 물이 찬다 해서 문정왕후는 태릉으로 가게 되면서 중종은 혼자 있게 되어 버렸다.

태릉의 석물은 다른 능보다 크다. 입구의 왕릉 전시관에 도열 되어 있는 것을 보면 참 크다는 걸 알 수 있다.

태릉의 왕릉 전시관이 제일 먼저 만들어졌다고 한다. 그래서인지 왕의 사후 능에 모시기까지의 국장 순서가 잘 정리되어 있어 한눈에 보기 편하다.

왕이 계신 곳은 살아서나 죽어서나 항상 궁이라 한다. 정궁을 떠나 멀리 갈 때 잠시 들리는 곳은 행궁이라 하고 돌아가셔서 빈전의 관에 들어가면 찬궁, 무덤 속에 들어가는 관은 재궁이라고 한다.

📖 입장료 : 1,000원

강릉

태릉에서 숲길로 걸어서 30분 정도 가면 문정왕후의 아들 명종과 인순왕후 심씨의 능이 나온다.

22년의 긴 재위 기간이라고는 하나 12살의 나이에 보위에 올라

문정왕후와 윤원형의 권세에 눌려 제대로 정사를 볼 수 없었으며 후에는 비변사를 다시 설치하고 군함을 만드는 등 문화와 국방에 업적을 남겼으나 34세의 젊은 나이에 졸하므로 특별한 인상을 남기지 못한 아쉬움이 있다. 또 당대에 임꺽정의 난이 유명하다.

육사박물관

육군사관학교 내 박물관이다.

우리나라 군 시설이므로 당연히 예약해야 하고 신분증이 반드시 꼭 있어야 한다.

사관생도 화랑 의식을 보려면 예약할 때 확인해야 한다. 생도들이 휴가거나 행사가 없는 시기가 있다.

한국 전쟁 시 무기나 탱크 등을 볼 수 있어 흥미롭다.

또 한 가지 좋은 점은 군내에 PX를 이용할 수 있다. 과자나 음료도 저렴하게 구입 할 수 있지만, 화장품이나 영양보조식품 등도 시중보다 싸게 구입할 수 있다. 그 유명한 맛다시도 사 먹어 보았는데 왜 맛있다고 하는지 이해 불가였다. 진심 추천하지 않는다.

예전에는 태릉 화랑로 그쪽이 메타세쿼이아 길이라 가을에 걷기 좋은 코스로 소개도 많이 되었었다. 요즘은 걷는 것도 즐기지 않는데다 차를 가지고 움직이면서 중간에 어디 잠시 주차하기도 마땅치 않아 걷는 게 쉽지 않다 보니 그냥 드라이브 삼아 지나치게 된다.

그나마 출퇴근 시간에는 차가 엄청 막히니 그 시간은 늘 각오하고 지나게 된다.

◉ 석계역이나 화랑대역 태릉입구역에서 버스 이용

📖 입장료 : 2,000원

219

정릉역 주변

정릉

흥천사

정릉

정릉은 이성계의 정비 신덕왕후 강씨의 무덤이다. 신덕왕후 강씨는 이성계에게 버들잎을 띄워 물을 준 버들잎 설화의 주인공으로, 1392년 조선의 개국으로 강씨는 음력 8월 7일 조선의 첫 왕비가 되어 현비에 봉해졌다.

이성계에게는 이미 향처인 신의왕후 한씨와 사이에서 6명의 아들과 2명의 딸이 있었다.

(신의왕후 한씨는 이성계가 조선건국 이전에 사망하여 강씨가 정비로 올라갔다.)

강씨는 이성계와의 사이에 방번, 방석 두 왕자와 경순공주를 낳았다.

신덕왕후는 제 아들인 방석이 왕세자로 책봉되도록 애썼으며 이와 관련해서 이방원 등 신의왕후의 장성한 아들들과의 후계 다툼으로 알력이 있었다. 정도전과 합세하여 방석을 왕세자로 책봉한 뒤 신덕왕후는 1396년 음력 8월 13일 세상을 떠났다.

2년 후 1398년 제1차 왕자의 난이 일어나 의안대군을 포함한 신덕왕후의 아들들은 모두 제거되었으며, 사위인 이제까지 살해당하였다.

이성계와 강씨는 스무 살 차이가 난다고 한다. 어린 데다 똑똑하고 강단 있는 강씨를 참 많이 예뻐했을 거라 생각 된다.

이성계는 강씨 사망 후 실의에 빠져서 왕후의 무덤을 광화문에서 보이는 곳(정동)에 만들고 직접 능 옆에 작은 암자를 짓고 아침저녁으로 다니며, 1397년 1년여의 공사 끝에 170여 간 규모의 흥천사를 세웠다고 한다. 이 흥천사는 중종 때 화재로 소실되었다.

하지만 이후 태종(이방원)은 태조 사망 이후 신덕왕후를 후궁으로 지위를 격하시키고 정릉을 도성 밖 양주 지금의 성북구로 옮겼다. 정동에 원래 있던 정릉은 정자각도 헐고 무덤의 흔적을 지우려고 한다. 마침 1410년 광통교에 홍수가 나서 무너지자 정릉의 병풍석을 광통교 복구에 사용하여 온 백성이 밟고 다니게 하였다고 한다.

약 200년 후 1669년 현종 때 송시열의 상소로 신덕왕후는 왕비로 복원되었고 무덤도 능으로 복원되었다. 다른 왕후의 능에 비해 초라한 편으로 병풍석이나 난간석이 없다.

장명등은 고려 공민 왕릉의 양식을 따른 것으로 조선 시대 능역에서 가장 오래된 석물로 예술적 가치가 높다.

혼유석의 받침돌도 두 개뿐이다.

버들잎 설화는 목마른 장수가 우물가에 여자에게 물을 청하자 여자가 급히 마시면 체할 것을 염려하여 버들잎을 띄워 주었다. 까닭을 알고 여자의 지혜에 감복하여 인연이 되었다는 설화이지만 김유신이나 왕건에게도 유사한 설화가 있다.

흥천사

정릉을 나와 우측 골목으로 담을 따라 300m 정도 올라가면 흥천사 뒤편이 나온다.

흥천사는 많은 문화재를 보유하고 있다. 동종과 괘불, 불화 등 볼거리가 많은 곳이다. 대한제국 시절 순종효황후 윤씨가 6·25 전쟁 시 낙선재에 가기 어려운 시절에 잠시 기거했다고도 한다.

흥천사 입구에는 작은 생수병이 쌓여있다. 오가는 등산객이나 절에 오가는 이들에게 물 한모금 주는 기분이다.

정릉역 한성대입구역 성신여대입구역에서 마을버스를 이용하면 된다. 사실 차로 움직이는 것을 추천한다. 정릉역에서 정릉까지도 오르막길로 한참을 걸어야 하고 정릉에서 흥천사 가는 길도 멀지는 않지만 워낙에 가파른 언덕이라 등산이나 걷는 걸 즐기지 않는다면 자가용 추천한다. 흥천사 주차장을 이용하면 된다.

오늘의 미션

흥선대원군의 친필인 사액현판을 찾아보자.

220
평창동

김종영 미술관

박종화 가옥

영인 문학관

상명대학교 박물관

평창동 표지석

김종영 미술관

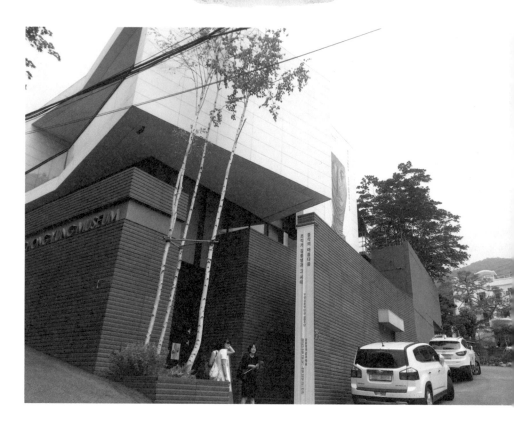

드라마에서나 나올듯한 부잣집들이 즐비한 평창동은 남의 집 구경하는 재미도 있다.

물론 높은 담벼락에 마당을 들여다볼 수는 없지만, 부자 동네라는 생각에 한 번 더 흘깃거리게 되나보다.

그 평창동 한쪽에 예쁜 미술관 김종영 미술관이 있다.

중정 느낌 공간의 정원은 언제 봐도 참 예쁘다. 가을 단풍 때는 말할 것도 없거니와 여름에도 건물 구조에 따라 시원한 공간이 된다. 당연히 사진은 찍는다.

연못 위의 징검다리 건너는 공간도 자연과 어우러져 현대식 건물임에도 편안함을 준다.

오늘의 **미션**

그림 아닌 조각의 추상을 공부해보자.

그의 작품중 가장 마음에 드는 작품을 하나 골라보자.

📖 입장료 : 무료

박종화 가옥

현대 시인이자 소설가인 월탄 박종화가 살던 가옥이다.

원래는 종로구에 있던 것을 원형 그대로 이전 복원했다고 한다. 일제 강점기를 지나면서 대부분의 부호는 일본 스타일을 접목하여 건축하였으나 이곳은 한옥 스타일을 지켜왔다.

지금도 그의 후손이 살고 있어서 내부 관람을 할 수 없는듯하다. 그저 담장 밖에서 기와지붕을 기웃거리며 연산군의 이야기 〈금삼의 피〉, 〈임진왜란〉, 〈여인천하〉, 〈월탄삼국지〉 등 많은 역사 소설을 쓴 그를 상상해 본다.

영인 문학관

한국현대문학관의 다음 시대로 현대문학의 기반이 되어주던 시대의 주인들을 조명해 놓았다.

강인숙 관장님은 이어령 전 장관의 부인으로 문학평론가이시다.

이곳에서 당시 문인들의 초상화와 자필, 애장품들을 볼 수 있다. 그저 그분들의 손길이 닿았다는 이유만으로 평범한 물건이 아닌 특별해진다. 일 년에 두 번 봄, 가을에 정기 전시회를 갖는다.

상명대학교 박물관

대학박물관을 참 좋아한다. 무료인 것도 좋지만 국립박물관처럼 어린아이들이 많이 찾지 않는 점도 좋다. 원래 상명대학교가 여대라서 그런가 예쁘고 화려한 유럽식 도자기들이 볼만하다.

고려 시대는 도자기문화라고 생각했으나 다양한 금속 공예 속에서 고려의 섬세하고 화려한 문화에 또 한 번 감동한다.

평창동 표지석

조선 후기 군량미를 보관하는 창고를 평창이라 한다. 그래서 지금 이 동네의 지명도 평창동.

오늘의 **미션**

주변에 연화정사도 꼭 한 번 가보자.

지대가 높아서 그곳에서 내려다보이는 평창동의 전경이 시원하다.

알고 보면 재미있는
서울 주변 답사 기행

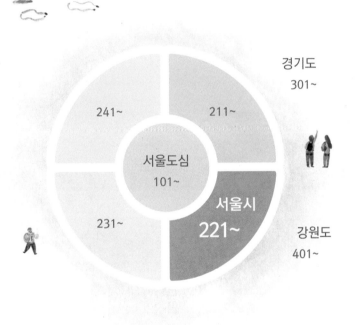

경기도
301~

241~   211~

서울도심
101~

서울시
221~

231~

강원도
401~

221

몽촌토성역 주변

이번엔 백제다.

초기 국가가 시작될 때 고구려 건국 설화 중 주몽의 맏아들인 유리가 나타나자 비류와 온조가 소서노와 함께 남하하여 지금의 한강 근처로 터를 잡아 나라를 세운다.

신라가 삼국을 통일하게 되면서 우리는 백제의 역사를 과소평가하여 배운 생각이 든다. 그러나 공부를 할수록 고구려의 웅장함과 신라의 화려함과는 다른 백제만의 담백한 아름다움에 빠져들게 된다.

검소하지만 부족하지 않은 백제만의 우아한 매력이 있다.

백제는 한성시기, 웅진시기, 사비시기로 구분할 수 있다.

한성백제는 백제의 초기 유적으로 풍납 토성과 몽촌토성을 볼 수 있다.

몽촌역사관

한성백제박물관 부속시설인 몽촌역사관에서는 한반도의 선사시대의 유물과 백제 고분의 변화와 백제에서만 볼 수 있던 세발토기 등 다양하게 볼 수 있다.

◉ 몽촌토성역·한성백제역·올림픽공원역 등 어디서나 가깝다

📖 입장료 : 무료(몽촌토성 내)

한성백제박물관에서는 더 다양한 자료와 유물들을 볼 수 있다.

입구에서 토성 쌓는 과정의 모형 전시는 시선을 뺏는다.

백제의 대표 유물 중 비록 진품은 아니어도 금동대향로와 칠지도 등을 보면서 백제인의 철을 다루는 기술이 놀랍기만 하다.

대부분 복제품은 두근거리는 감동이 없는데 금동대향로는 복제품을 보고도 떨린다. 발굴 과정마저도 드라마 같은 금동대향로의 진품은 부여박물관에 있다.

또 무령왕릉 발굴과 양직공도에서 백제 사신의 모습과 왜 사신을 비교해 보자.

백제 사신의 모습에서 당시 복식을 찾아보고 왜 사신의 모습에서 맨발인 걸 보니 웃음이 나온다.

이 근방은 재개발의 이해관계로 유물은 발굴하였으나 유적지는 제대로 보존하지 못한 아쉬움이 남는다. 어찌 보면 한국의 폼페이라는 말이 과장이 아닐 거라는 생각이 들기도 한다.

풍납토성

조금 걸어 풍납토성에도 가보자.

큰 볼거리가 있는 것은 아니지만 백제초기 판축방법을 사용하여 고운 모래로 한 층씩 다져 쌓은 성벽을 볼 수 있다.

지금은 비록 잔디와 잡초로 덮여있지만 발굴 당시 토기들과 그물추 가락바퀴가 출토되어 백제건국 초기 유적지임을 알 수 있다.

오늘의 미션

해거름에 곰말다리에서 지금은 호수가 된 해자와 판축기법으로 쌓은 성벽을 둘러보자.

222

동대입구역

한국현대 문학관

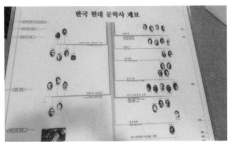

이 현대문학관은 시골 분교나 마을회관 같은 소박한 건물이지만 이곳에서 한국 백여 년 동안의 문학 변천사를 본다.

친일파라 외면했던 작가들도 우리 정신과 얼을 지키려 했던 분들도 만날 수 있다. 문인들의 육필 원고와 그분들의 삶의 이야기와 책과 출판의 변천 과정도 볼 수 있다.

우리나라 책과 출판의 역사는 병자호란부터이다. 이후 책을 판매하기 시작하였다. 초기 필사본이나 방각본, 딱지본, 영인본 등 출판 과정도 정리되어있다.

춘원 이광수의 무정은 매일신보에 연재되며 큰 인기를 끌었으나 최남선에게 판권을 팔아 그다지 큰돈을 벌지는 못했다고 한다. 친일 논란의 이광수는 이런저런 핑계와 이유를 들었지만, 비난을 피하지는 못했다.

윤동주는 우리나라뿐 아니라 일본에서도 인기가 있었으며 이상과 김유정은 우울증과 폐결핵으로 고생했다고 한다.

오늘의 **미션**

좋아하는 작가 한 분을 찾아 그분의 생애와 작품을 찾아보자.

◉ 동대입구역 2번 출구로 나와 서울에서 가장 오래된 빵집이라는
태극당 오른쪽 골목으로 올라간다

📖 입장료 : 성인 3,000원 청소년 2,000원

장충단공원

장충단공원은 남산의 동쪽에 있으며 놀이터와 분수대가 잘 조성되어 있어 아이들과 산책 삼아 나가기도 참 좋다.

입구에 장충단비가 바로 보인다.

임금의 글씨는 어필, 세자의 글

씨는 예필이라고 한다. 당시 세자는 순종이므로 순종의 필적이다.

1895년 명성황후시해사건 때 공을 세운 홍계훈(임오군란 때 명성황후를 도와 피난시키고 명성황후시해사건 때 일본군에게 죽임을 당함)등 공신들을 위한 사당이다. 무관뿐만 아니라 문관들의 사당이다.

봄가을에 한 번씩 제사를 지내다 순종 때 없어지고 제단마저 6·25 전쟁 때 소실되고 그 자리에 신라호텔 영빈관이 들어서 있다.

1910년 일제가 경복궁 해체 작업을 하고 선원전을 헐어 박문사 사당(이토히로부미-이등박문)을 짓고 홍화문을 옮겨왔다가 후에 신라호텔 정문으로 사용되다가 현재는 경희궁으로 옮겼다.

◉ 동대입구역 6번 출구에서 가깝다

수표교

청계천에 있던 수표교를 이전해 잘 조성되어 있다.

조선 초기 비가 많이 오면 청계천에 물의 수위를 측정하기 위해 만들었다. 청계천의 복원 공사 중 장충단 공원으로 이전하고 수표는 세종대왕기념관으로 옮겼다.

다리 아래는 기둥은 물의 흐름을 방해하지 않기 위해 마름모꼴이다.

그리고 여러 순국 선열의 동상들

● 사명대사 유정 동상

● 한국유림독립운동 파리장서비

심산 김창숙. 일제에 끝까지 고문을 버텨내다가 결국은 다리가 불구가 되어 앉은뱅이가 돼버리셨다. 유림의 대표로 성균관대 초대 총장을 지내셨다. 심산 김창숙 기념관은 서초구에 있으며 무덤은 강북구에 있다.

헤이그특사

왼쪽부터 이준, 이상설, 이위종

이준 열사. 카스라 태프트 밀약 후 네덜란드 헤이그 만국평화회의에 특사로 파견되어 갔으나 들어가지도 못하고 열강들의 냉대에 분노하고 애통해하다 순국하였다.

할복이라는 설도 있는데 대한매일신보의 오보라는 설이 유력하며 (사실 할복은 우리나라 스타일이 아니다.) 이준 열사는 며칠 식음을 폐하고 가슴을 쥐어뜯으며 애통해하다 순국하였다고 알려진다.

이준 열사의 동상은 머리가 커서 조금은 아이처럼 보이기도 하다. 이준 열사의 묘역도 강북구 수유동에 있다.

이상설은 헐버트와 친하게 지내면서 외국어를 배우고 헤이그 특사에 실패 후 국내에 들어오지 못하고 연해주에서 사망하였다.

이위종은 아관파천 이후 외교관인 아버지(이범진)를 따라 해외 생활을 하며 영어 러시아어 불어에 능통한 덕에 파견되었다. 부친의 러시아 파견 시절 러시아 여성과 결혼도 한다. 후에 일본군의 가혹한 고문에 정신이상과 병으로 객사하였다고 한다.

이곳 장충단공원과 연고는 없지만, 민족정신이 있는 자리라서 이곳에 기념비를 세웠다. 이외에도 유관순 열사 등 여러 독립운동가의 동상들이 있다.

오늘의 **미션**

장충단비에서 독립을 위해 애쓰시다 돌아가신 순국선열들에게 잠시 묵념하자.

국립예술극장내 공연예술박물관

　　근대 시기부터 우리나라의 공연예술의 발전사를 볼 수 있으며 아이들에게는 다양하고 재미있는 체험공간이 잘 되어있다.

　　아주 오래전 영화 포스터나 사극 의상들도 직접 입어볼 수도 있고 여러 소품을 보는 재미도 있다. 긴 시간 공부하듯 둘러보기보다 근처 갈 일 있을 때 잠시 들러 놀기 좋은 곳이다.

　　내친김에 남산에도 가보자.

📍 동대입구역에서 남산순환 버스를 이용(앞에는 국립예술극장이 있다)

📖 입장료 : 무료

📶 홈페이지에서 예약을 하면 편하다(가끔은 입장객 수의 제한을 두기도 한다)

남산 봉수대

남산 봉수대가 봉화의 최종 도착지이다. 5개의 봉돈으로 낮에는 연기로 밤에는 불로 상황을 전달하는 것으로 평상시에는 하나만 피웠다. 가만 생각해보면 봉화꾼들은 잠시도 쉬지 않고 밤낮으로 내내 지켜보아야 했을 것이다. 불을 피우는 일이 여름에는 더웠을 테고 겨울에는 장작의 관리도 힘겨운 일로 참 힘든 직업군인 듯하다.

평상시에는 하나, 적이 국경에 보이면 둘, 가까이 오면 셋, 공격하면 넷, 우리 땅에 상륙하여 전쟁이 벌어지면 다섯 개의 봉수를 올린다. 가만 보고 있자니 고대 중국에 거짓 봉화로 웃음을 주고 그로 인해 망국으로 가게 되었다고 전하는 주나라 유왕과 포사가 생각이 났다.

국사당터

국사당은 조선 시대 남산(목멱산) 정상에 세워진 목멱신사로 산신에게 제사를 지내던 곳이다. 그러나 일제 강점기에 남산 서북쪽에 조선 신궁을 세웠는데 일본 신사보다 더 높은 곳에 있다는 이유로 인왕산 근처로 옮기게 되어 지금은 터만 기억하게 되었다.

　　남산에 유독 안중근, 김구, 이시영 등 독립운동가의 흔적이 많은 이유는 일제 강점기에 황국신사가 남산에 자리 잡고 있었기 때문이다.

　　남산에서 도성 안이 잘 보이니 관찰하기 좋은 곳으로 일본인이 많이 거주하고 있었다.

　　우리는 한국이 겪었던 일제강점기의 아픈 역사를 기억하고 보존하기 위하여 남산 국치의 길을 조성했다.

　　한국통감관저터, 한국통감부터, 청일전쟁의 승전기념비인 갑오역기념비, 일제강점기에 제사를 지내던 경성신사터, 조선신궁이 있던 자리를 지나면서 볼 수 있어 시대의 아픔을 걸을 수 있게 되어 있다.

　　현재 한국통감관저터는 일본 위안부 피해자를 기리는 곳으로 조성되어 있다. 경술국치는 우리나라 역사상 처음으로 국권을 상실한 날이다. 잊지 말아야 한다.

와룡묘

남산 둘레길을 걷다 보면 조금은 스산한 느낌의 홍살문을 만날 수 있다.

와룡묘는 중국 삼국시대 정치가인 제갈공명을 모시는 사당이다. 제갈량의 다른 이름이 와룡이므로 와룡묘라 한다.

삼국지의 유비가 제갈량을 데려오기 위해 삼고초려 했다는 이야기와 그와의 관계를 빗대어 수어지교라는 말을 했다고 한다.

제갈공명과 관운장의 석고상이 있다. 단군을 모시는 사당도 있다. 와룡묘는 조선 시대 엄상궁이 처음 세웠다는 설도 있지만 확실하지는 않다.

현재까지 무속인들이 제사를 지내는 곳으로 소란스럽게 하면 제재를 받을 수 있으니 살짝 눈치를 본다. 썩 친절하지는 않다.

동국대학교 박물관

학교 특성상 불교에 관한 유물을 많이 가지고 있으며 국보나 보물도 찾아볼 수 있다. 통일신라의 불상부터 다양한 불화와 불상 불경 도구들도 눈여겨 봄 직하다.

박물관 밖에서는 시대별 탑들도 볼 수 있다.

또, 경희궁의 숭정전을 일제에 의해 조계사로 옮겨졌다가 현재는 동국대학교 내 법당인 정각원으로 쓰이고 있다.

오늘의 미션

동국대학교 박물관에서 정조대왕의 파초도와 안중근 의사의 친필 유묵을 찾아보자.

223

사립박물관

호림박물관

호림은 신림동 주택가에 본관이 있다. 토기와 도자, 서화 등 다양한 유물들을 볼 수 있는 곳이다. 특히 도자는 익숙하지 않은 다양한 문양의 청자와 백자를 보는 재미가 있다. 건물 밖 마당은 입장료도 없다. 마당이 예뻐서 적당한 날 산책 삼아 둘러보기도 좋은 곳이다.

강남 신사동에 있는 분관은 강남 한복판의 특별한 건물이다. 빗살무늬토기의 형상이라는 호림아트센터는 건물마저 예술적 감각이 있다.

11시, 3시에 전시 해설이 있는데 들어볼 만하다. 과하지 않은 깔끔한 설명이 주는 만족감이 있다. 게다가 당일 재입장이 가능하니 둘러보다가 잠시 근처에서 식사 후 다시 들어가 볼 수도 있다.

📖 입장료 : 본관 4,000원 분관 8,000원

삼성미술관 리움

리움은 이태원에서 가까우니 맛집을 찾아가는 재미도 있다.

입구에 상징적인 중첩된 사슴 구슬로 되어 있어 예쁘기도 하다.

4층부터 시작하여 내려오게 되어있다. 중간의 계단도 예술적 감 각으로 거울과 빛으로 신비감을 준다. 지극히 개인적으로 좋아하는 유물은 달항아리와 복숭아연적이다. 달항아리는 얼룩마저도 기품 있어 보이는 데다 조명이 다양하게 비춰주어 겹치는 그림자까지 작 품으로 느껴진다.

곳곳에 경비원들이 지켜보고 있어 삼엄한 기분이 들기도 하지만 리움의 해설사들도 참 마음에 든다. 아는 게 많다는 것이 느껴진다. 군더더기 없는 설명에 한 시간이 지루하지 않다.

오늘의 미션

호림과 리움의 복숭아연적을 비교해보자.

📖 입장료 : 10,000원

간송 미술관

간송 선생님이야 두 번 말하면 입 아픈 우리나라 문화재 수호신이라 하는 분이다.

성북동에 작은 미술관으로 시작하였다. 귀한 작품들을 여러 사람에게 보이기 힘들어 동대문디자인플라자에서 12회에 걸쳐 다양한 테마로 전시하다가 2019년 늦게 재개관할 것이라 한다.

대표적인 소장 유물로는 가장 유명한 고려청자라고 알려진 청자상감운학문매병과 훈민정음 해례본, 겸재와 신윤복의 화첩이다.

문화재를 수집할 때의 사연 또한 놓치지 않아야 할 재밌는 이야기이다.

리움과 호림이 우리 고미술과 여러 유물을 소장하고 있다면 대림미술관과 디뮤지엄은 현대미술을 느끼기 좋은 곳이다.

상설전시보다 이색적인 테마로 특별전시가 자주 있다.

아모레퍼시픽 박물관

지하철 신용산역에서 바로 연결
되니 한겨울이나 여름에 가기 참 좋
았다.

건물 외벽도 세련되고 근사하다.

고미술과 유물도 다양하게 소장하고 있으며 현대미술과의 조화
가 인상적인 곳이다.

개관한 지 얼마 되지 않아 내가 갔을 때는 전문적인 해설사가 없
었다.

대신 휴대전화의 아모레 앱으로 무료 해설을 들을 수 있었으나
크게 추천할 만하지는 않다.

알고 보면 재미있는
서울 주변 답사 기행

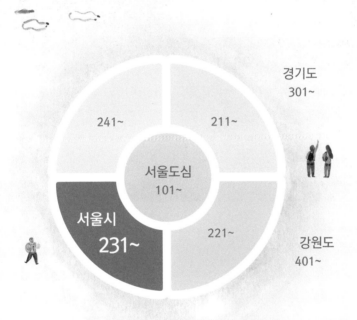

경기도
301~

241~   211~

서울도심
101~

서울시
231~   221~

강원도
401~

231

합정역

절두산 순교성지

양화진 외국인 선교사 묘역

절두산 순교성지

천주교 신자인 나에게 절두산은 더 특별한 곳이기도 하다.

원래 이곳은 잠두봉 혹은 용두봉이라 불렸으며, 경관이 빼어나 중국 사신들의 방문 시에도 이곳에서 배를 띄웠다고 한다.

그러나 이 평화로운 곳은 흥선대원군의 쇄국정책에 맞서 양이들이 들어오고, 오페르트의 남연군묘 도굴사건으로 천주교도인들이 박해 당했던 곳이다.

절두산순교성지내에 작은 박물관이 있어 순교자들의 유해와 자료들을 둘러볼 수 있다. 절두산의 명칭유래나 선참후계라는 말에 인한 일가족이 모두 처형당한 이야기들은 가슴이 아프다.

3층의 기념관의 모양이 특이하다.
접시모양의 지붕은 선비들의 갓
을, 구멍이 있는 수직의 벽은 순교자
들의 목에 채워졌던 목칼을, 지붕 위
에서 내려뜨린 사슬은 족쇄를 상징적
으로 표현한 것이라고 한다.

양화진 외국인 선교사 묘역

갑신정변에 실패하고 일본으로 망명하다 상해에서 암살당한 김옥균이 능지처참 당하고 효시당한 곳이다.

지리적으로 한강나루와 삼전도와 같이 한양의 삼대 나루터로, 해상과 육로를 연결하는 요충지이다.

제중원에서 일했던 헤론이 최초로 양화진에 묻혔고, 세브란스를 설립한 에비슨, 배재학당의 설립자 아펜젤러, 육영공원에서 외국어를 가르치고 고종에게 헤이그 밀사파견을 건의하며 한국의 독립을 주장하던 헐버트, YMCA를 조직한 언더우드, 대한매일신보를 발행한 베델, 선교사들과 그 가족들이 잠든 곳이다.

양화진묘역은 일요일에 쉬고 절두산은 월요일에 쉬니, 이 근방을 한 번에 둘러보려면 일요일과 월요일은 피해야 한다.

절두산이나 양화진묘역은 초여름에 방문하는 것을 추천한다.

산책삼아 걸으면 산뜻한 초록과 한강에서 부는 바람에 눈까지 시원하다.

오늘의 **미션**

양화진선교사묘역에서 아는 이름들을 찾아보자.

232

충정로역

손기정 기념관

중림동 약현성당

서소문공원 – 서소문 순교성지

손기정 기념관

　손기정 선수는 1912년 신의주에서 출생하고 어려운 시절을 보냈다. 친구들이 스케이트를 탈 때 부러워하던 가난한 소년은 그저 달렸다고 한다. 그 시간이 그의 재능을 확인할 수 있는 계기가 됐다.

　1936년 베를린 올림픽에서 손기정 선수가 금메달을 따고 3위로 남승룡 선수가 들어왔다.

　몽양 여운형 선생이 '가슴엔 일장기이지만 등에는 대한민국을 업고 뛰는 것이다.'라고 격려해주신 세상에서 가장 슬픈 시상식.

　1위가 부러운 것이 아니라 1위에게 주는 월계수 나무가 더 부러웠다는 남승룡 선수.

손기정선수는 월계수 나무로 가슴에 일장기를 가리고 있었다.

그의 모교인 양정의숙 자리에 손기정 기념관을 세웠다. 기념관에 있는 여러 전시품 중 지카다비 신발과 청동 투구는 꼭 찾아보자.
투구는 복제품이다. 진품은 국립중앙박물관에 있다.

- 일장기 말소사건 -

당시 우리나라는 일제강점기로 모든 신문 기사는 총독부의 검열을 거쳐야 했던 시대.

여운형이 사장으로 있던 『조선중앙일보』에서는 당시 인쇄 품질이 나빴던 것을 핑계로 총독부의 검열을 무사히 통과할 수 있었다. 이 사건은 이렇게 끝나지 않았다.

8월 25일 『동아일보』에 사진이 다시 게재된다. 사진이 좀 더 컸던 탓인지 『동아일보』 기사는 총독부 검열을 통과하지 못하고 이전의 『조선중앙일보』의 기사도 문제시된다.

『동아일보』는 무기 정간조치를 받은 후, 관련자들의 행동이 사측의 입장과 다르다는 주장으로 신문을 재발간한다. 그리고 속간하여 이렇게 다짐의 글을 쓴다.

대일본제국의 언론기관으로서 조선통치의 익찬을 기한다.

『조선중앙일보』는 사원의 잘못으로 일장기가 흐려졌다며 1주일간 자진 휴간한다.

총독부는 자신들이 추천한 친일파 중 사장을 고르면『조선중앙일보』를 속간시켜 주겠다고 회유한다. 하지만 그것을 거부하고, 경영악화와 내분으로 속간하지 못한 채, 끝내 문을 닫고 말았다.

신문의 폐간은 경영의 문제로 말미암은 것도 있지만, 여운형은 가장 먼저 일장기를 지우고 일제와 타협을 거부한 용기 있는 참언론인 자체였다. 『몽양 여운형 평전』

조선중앙일보 호외 뒷면에 심훈의 즉흥시가 실렸다. 그러나 심훈은 한 달 후 장티푸스로 사망한다. 그의 유작인 것이다.

예전 모 개그프로그램에서 언급되어 많은 사람이 공감했던 '일등만 기억하는 더러운 세상'이라는 유행어가 생각이 난다.

웃음을 주자고 한 유행어이지만, 우리의 현실을 너무 잘 반영했기 때문에 씁쓸하기까지 했었다. 이 유행어처럼 대부분의 우리나라 사람들은 베를린 올림픽에서 금메달을 획득한 손기정 선수만 기억하고 3위를 기록했던 남승룡 선수는 잘 모른다. 이 글을 읽는 순간이나마 남승룡 선수를 기억하고 싶다.

오늘의 미션

손기정 둘레길에서 손기정 선수의 발도장 찾아보자.

◉ 충정로역에서 걸어서 갈 수 있다   📖 입장료 : 무료

중림동 약현성당

1892년 우리나라 최초의 서양식이자 벽돌식 고딕 양식의 성당이다. (1998년 화재로 훼손된 건물을 복원)

박해받아 순교하신 분들의 넋을 기리고자 서소문 성지가 내려다보이는 언덕 위에 세워졌다.

예전에 약초를 재배했던 지역으로 '약초밭이 있는 고개'라는 뜻으로 약전현이라 불리던 지명을 따서 약현이라고 했다.

서소문 순교성지 전시관이 있어 당시의 미사 도구, 사제들의 제의 및 여러 자료를 볼 수 있다.

서소문공원 – 서소문 순교성지

약현성당에서 서소문사거리 방면으로 서소문 공원이 있다.

신유박해부터 병인박해까지의 처형당한 천주교인 중 순교성인 44인의 기념탑이 있다.

좌묘우사(경복궁에서 왼쪽에 종묘 오른쪽에 사직단)의 원칙에 '예기'에서 말한 "형장은 사직단 우측에 있어야 한다."는 가르침을 따른 것이다.

서소문 밖은 죄를 지은 자들의 처형장이 있었다.

서소문(소의문)은 의금부에서 가깝기도 하며 주로 도성 안의 시구를 운반하는 역할을 했다.

233
서울대학교

규장각

박물관

미술관

자식이 어릴 때 누구나 한번쯤은 꿈꾸지 않았을까.

내 아이가 서울대에 가는 작은 기대와 희망을 가졌었는지도 모르 겠다.

학년이 하나씩 올라가면서 '서울대는 역시 아무나 가는 데가 아 니구나.' 나하고는 상관이 없는 학교가 되어 버린 지금 우리나라 최 고의 대학인 서울대로 가보자.

진작 아이들 데리고 자꾸 다녔으면 지금쯤 서울대학부형이 되지 않았을까.

어느 대학이나 비슷하지만 서울대학교도 교정이 참 예쁘다.

벚꽃 만개했을 때도, 늦가을 단풍 길도 좋다.

사람들이 많이 오가지 않아 더 운치 있는 산책이 된다.

교정 안에는 이준 열사의 동상도 있고 서울대학교 학생들이 좋아 한다는 연못도 예쁘다.

민주화의 길이나 박종철 학생의 동상을 보면 어딘지 답답하지만, 이제 다시는 힘든 역사는 없을 것이라고 믿어본다.

규장각

먼저 서울대 정문에서 가까운 규장각을 가보자.

정조가 창덕궁 후원 부용지에 설치한 기관으로, 왕실 도서관으로 지어졌다.

후에 고종의 집옥재에 있던 문헌들도 옮겨왔다가 경술국치에 폐지된다.

광복 후 경성제국대학이 서울대학교로 바뀌면서 규장각 도서는 서울대로 이전한다.

유네스코 세계기록유산으로 등재된 조선왕조실록, 승정원일기, 정조부터 일기처럼 기록한 일성록, 조선왕조의궤 등을 소장하고 있다.

지하 전시실로 내려가는 계단에서 보이는 대동여지도가 감탄스럽다.

박물관

대학박물관인데도 유물이 많지는 않지만 발해 유물이나 민속실의 무속신앙 자료들은 조금 색다르다.

미술실에서는 단원 김홍도와 오원 장승업의 작품들도 볼 수 있다.

♡ 휴무 : 일요일, 월요일 📖 입장료 : 무료

미술관

대학교에 미술관이 소재한 학교는 서울대학교가 유일한 듯하다.

삼성이 건립하여 기부하였다는 이 미술관은, 네덜란드 렘콜하스의 작품이다.

건물의 모양도 특이한데, 내부 중앙 수직으로 열린 공간의 채광이 미술관의 품위를 말해주는 듯하다.

입장료 : 3,000원

234

효창동 주변

효창공원

백범김구 기념관

의열사

남영동 대공분실

효창공원

효창원은 원래 조선 정조의 맏아들로 세자책봉까지 받았으나 다섯 살 에 요절한 문효세자의 무덤이다.

생모인 의빈성씨의 무덤과 순조의 후궁인 숙의 박씨의 묘, 숙의 박씨의 소생인 영온옹주도 주변에 있었으나 일제강점기에 일본군 야영지로 사용하면서 고양시 서삼릉으로 이전하게 되었다.

해방이후 김구가 이봉창 윤봉길 백정기의 유해를 가져다가 삼의사의 묘를 만들었다. 삼의사 묘 옆에 유골이 없는 가묘가 있다. 안중근의사를 위해 남겨놓은 자리이다. 안중근의사의 유해를 찾게 되어 국내로 모셔왔을 때 이곳에 안장할 예정이라 지금은 비석을 설치하지 않았다. 외에도 임정요인들의 묘소들도 있다.

백범김구 기념관

　임시정부활동부터 한인애국단과의 관계와 광복이후 남북분단 시기별로 서거까지의 모든 활동들이 자료 사진과 함께 전시되어있다.

　김구의 어린시절이나 일화등은 상대적으로 적지만 윤봉길의사와 거사 전에 시계를 바꾼 이야기나 을미사변후 치하루에서 왜인을 죽인 이유로 인천에 수감되고 사형집행 직전에 고종의 전화로 연기되었다는 이야기들은 언제나 드라마다.

　안중근의사의 집안과의 인연도 특별하다. 안중근의 부친 안태훈 선생과 인연으로 그의 집에서 피신을 하기도 하고 안중근의 동생 안공근은 그의 참모가 되기도 한다. 또 큰며느리 안미생도 안중근 집안 사람이다.

의열사

이동녕, 김구, 조성환, 차이석, 이봉창, 윤봉길, 백정기등 독립운동가 7분의 초상화가 있다. 큼지막한 초상화가 거룩해 보이기도 하는데다 돌아보는 순서도 왕릉과 마찬가지로 오른쪽으로 들어가 왼쪽으로 나오게 화살표로 안내해준다.

임시정부 수립일인 4월 13일과 임정환국일인 11월 23일에 7위의 선열 추모행사가 있다고 한다.

언제나 독립운동가의 삶속에 들어가면 죄책감이 느껴진다.
초기정부의 반민특위 처벌이나 현재까지도 마무리 되지 못한 이런저런 일들이 답답한 마음 들게 한다.

역이름이 효창공원역이 아니라 효창원역으로 바뀌었으면 좋겠다는 말씀에 절로 고개가 끄덕여진다.

알지못했던 수많은 독립운동가들. 북으로 가신 분들도 있고 좌파라고 외면해왔던 분들도 다시 생각해 보게 되는 시간이 된다.

오늘의 미션

영화 '대장 김창수'나 '암살'을 찾아보고 가자.

임시정부 앞에서의 기념사진 속에서 인물들의 이름을 맞춰 보자.

주변에 식민지 역사박물관에 가보자.

남영동 대공분실

멀지 않은 곳에 남영역 남영동 대공분실이 있다.

'탁 치니 억하고 죽었다'는 말이 가장 먼저 떠오르는 박종철군.

당시 서울대 재학생이던 박종철군은 체포되고 조사받던 중 사망하게 된다. 신성호 기자의 끈질긴 취재와 천주교정의구현 사제단의 성명발표 등으로 세상에 알려지고 우리는 진실에 조금씩 다가가게 된다.

4층은 박종철군의 유품 전시와 각종 기사와 사진 자료들이 전시되어 있고 5층은 당시 조사실의 모습을 재현해 놓았다.

전기고문과 물고문을 당한 515호실은 재건하면서 없어지고 509호만 추모공간으로 유지하고 있다. 수원화성의 동북공심돈이 연상되던 까만 벽돌과 나선형 계단, 앞방과 마주 볼 수 없게 어긋난 문들 작은 욕조등이 보는 내내 답답했다.

영화 '남영동 1985'나 '1987'를 보고 가면 좋겠다.

1980년대 후반에는 지하철 1호선이 다니는 시기라 남영역 지나가는 사람들도 많았을 텐데 바로 근처에서 이런 공간이 있으리라고 상상이나 했을까

----이건물을 건축한 사람은 건축가 김수근이다. 현대사옥 공간뮤지엄을 건축한 사람이다.

어쩐지 공간뮤지엄도 폐쇄적이고 답답하다 생각했었는데 당시 김종필과 친분으로 박정희와 전두환의 군사정권 시절 국가적인 시설을 많이 건축했다.

오늘의 미션

1층 입구에 안내책자가 있다.

꼭 한번 정독하자.

알고 보면 재미있는
서울 주변 답사 기행

경기도
301~

서울시
241~

211~

서울도심
101~

231~

221~

강원도
401~

241

강서

허준 박물관

겸재정선 미술관

강북 끄트머리 노원에 사는 나에게 강서는 멀고도 먼 동네다.

그래도 한번 가보자.

어느 유적지나 기념관이 그렇듯 좋은 계절엔 나무 하나조차 아름답게 보이지만, 이곳은 계절 상관없이 움직여도 좋을 곳이다.

실내에 위치해 있어 날씨에 구애받지 않는 곳이다.

허준 박물관

허준은 선조연간의 사람이다.

광해군의 두창 치료로 정3품의 관직을 받으며 선조의 신임을 얻고, 임진왜란 때 의주로의 몽진(임금이 전쟁 중 궁을 떠나 피난 가는 것)에 동행하여 호송공신이라는 칭호도 받는다.

허준은 동양 최대 의학서인 동의보감을 완성시킨 것으로 유명하나, 동의보감 외에 다른 의서도 많이 집필하였다.

보통 당시 의원은 중인 신분이었으나 허준은 양반집 서자 출신이다. 허준의 아버지는 허론으로 무관 출신이다.

입구에는 경기감영도가 보인다.(경기감영도는 현재 리움 소장품이다.)

본래의 경기감영은 현 서대문밖 적십자병원자리였다.

당시를 추측할 수 있는 여러 그림들도 보인다.

의녀는 경우에 따라 약방기생으로 등장한다. 신윤복의 그림에서
도 연담 가리마를 쓴 의녀가 등장한다.

허준의 초상화는 어느 화가의 꿈에 본 모습을 그린 상상화이다.

동의보감은 목판본으로 25권이다.

의서로는 유일한 세계기록유산으로 유네스코에 등재되어있다.

허준의 생애는 드라마나 소설 속에서 잘못 알려진 부분들이 많다. 그의 스승이나 해부이야기 등도 사실이 아니라고 전해진다. 동양의학에서는 해부의 필요성을 못 느끼기 때문이기도 하다.

옥상에 정원도 잘 꾸며져 있고 아이들과 체험학습하기도 좋다. 주변에 구암 허준공원과 허가바위도 한번 가보자.

겸재정선 미술관

정선은 종로구 청운동에서 출생하여 84세에 옥인동에서 별세했다. 65세에 양천 현감으로 부임한다. 그래서 양천구에서 그 연고로 미술관이 이곳에 자리하게 된듯하다.

당시 중국화풍의 영향을 많이 받고 있는 시대에 겸재 정선은 진경산수화를 통해 우리 고유의 산천을 실감나게 표현하였다.

그의 대표작인 금강전도는 필묵법을 사용했으며, 원근법을 이용해 마치 드론으로 촬영한 듯 위에서 내려다보는 시선으로 그려냈다.

그의 대표작중 하나인 인왕제색도는 그의 친구인 사천 이병연이 아프다는 이야기를 듣고 비 온 뒤의 인왕산 모습을 그린 것이다. 이병연의 쾌유를 비는 뜻으로 하늘이 개는 것처럼 친구 이병연이 털고 일어나기를 바랐으나 그림 그린 후 얼마 지나지 않아 이병연은 명을 달리했다. 사천 이병연과 서로 그림과 시로 교감하며 하나가 되기를 바랐던 겸재 정선은 인왕제색도 그림 한쪽에 그의 집을 그려 넣었다.

또 다양한 그의 그림을 통해 300여 년 전 즈음의 서울과 한강모습을 비교해 보는 재미가 있다.

사실 가양동의 겸재정선 미술관은 미술관이라고 하기에는 조금 부족한 느낌이 있다. 그의 수많은 작품 중 화첩 몇 점 만 소장하고 있을 뿐, 진품은 거의 간송미술관이나 국립중앙박물관에 많다.

오히려 그의 힘 넘치는 작품은 간혹 열리는 동대문 디자인 플라자의 특별전 때 제대로 볼 수 있다. 그림 감상도 좋지만, 그의 생애와 작품 성향 일화 등을 재밌게 풀어주는 해설사를 만나는 것도 운이다.

정선미술관의 3층 위로 나오니 바로 건너편 궁산땅굴이 보인다. 기대가 크면 실망도 큰 법, 일제강점기 땅굴을 입구에서 육안으로 보는 정도가 다였다.

오늘의 **미션**

허준박물관 뒤로 나와 테마거리를 지나 허가바위를 찾아보자.

석기시대 사람들이 살았을 법한 허가바위 굴속에 살짝 들어가 보자.

📍 가양역이나 발산역에서 버스를 이용

🎫 입장료 : 1,000원(겸재 정선미술관의 것과 같이 구매하면 할인 가능)

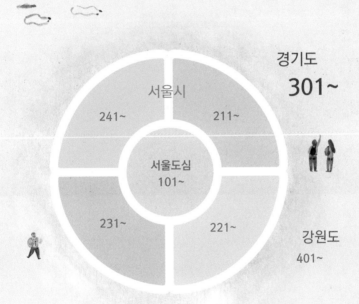

서울시

경기도
301~

241~

211~

서울도심
101~

231~

221~

강원도
401~

301

남양주

실학박물관

다산유적지

수종사

마재마을. 마현마을이라고도 불리는 이곳은, 대학시절 여자들끼리 떠난 엠티로 특별한 기억이 있다.

시간이 좀 더 흐른 뒤, 특별한 친구와 근처 세미원에 놀러갔다가 맛집을 찾아다니기도 했던 두물머리.

어쩐지 아는 듯 반가운 정약용 생가.

실학박물관

먼저 실학박물관을 가보자.

실학박물관엔 서양학문이 들어오면서 급변하는 18~19세기의 학문과, 당대의 학자들이 잘 정리되어 있다.

또한 당시 유물들과 자료들도 일층과 이층에서 찾아볼 수 있었는데, 개중 익숙한 이름들도 있었다.

윤선도의 후손이자 자화상으로 유명한 윤두서와, 조선 초부터 숙종 때까지의 야사인 연려실기술을 쓴 이긍익.

풍속화로 당시의 농업과 상업의 모습을 보여주는 단원 김홍도와, 축적을 사용한 고산자 김정호.

이뿐만 아니라 당시 중국이 중심이 된 혼일강리역대국도 등 다양한 지도와 천문학의 발달이 보여주는 별자리도 흥미롭다.

양란 이후, 관리들의 세금 수탈 속에 피폐해진 백성들의 삶을 나타내는 증거들 앞에선 답답했다. 그러나 근대로 넘어가는 시대 속 여러 과학문명의 발달은 희망적이다.

다산 유적지

다산 생가는 조선시대 선비들의 가옥형태인 ㄱ자와 ㄴ자가 합쳐진 ㅁ자 모습이다.

사실 이곳은 예전 홍수 때 소실되어 다시 재건한 것이다.

정약용의 호는 여러 가지다.

사암은 현세에 인정받지 못한 정약용의 삶과 사상에 대하여 후손들의 평가를 기다리겠다는 뜻에서 지어진 호이다.

여유당은 당호로, 노자의 말 중에 '겨울에 개울 건너듯'이라는 뜻을 가지고 있으며, 정조 죽음이후의 두려운 마음을 표현한 것이다.

다산은 강진 유배 중 선비 윤박의 별장 주변에 차가 심어져있었는데, 이 초당에 기거하면서 다산이라는 아호를 가졌다.

삼미자는 눈썹이 셋이라는 뜻으로, 정약용이 어렸을 때 천연두를 앓고 난 후 눈썹에 흉터가 남아 마치 눈썹이 세 개로 보여 삼미자라는 호를 사용했다.

다산 정약용은 18세기 후반 정조 때의 인물로, 실학자이며 상공업 발달에 기여했다. 조선의 레오나르도 다빈치라 불리는 정약용은 거중기와 배다리로 정조의 수원화성 공사에 기여하였으나, 천주교에 입교하였으나 서학 철폐로 인해 유배를 가기도 한다.

그는 유배지에서도, 그 이후에도 수많은 책을 썼다. 그의 저서들은 실학박물관과 다산 생가 기념관에 전시되어 있고, 근처 한강 바로 옆 수변공원에도 그의 생애와 저서들이 나열되어 있다.

뒤로는 다산의 묘가 잘 정비되어있다.

멋있는 소나무 사이로 한강이 보이는 명당자리다.

◎ 경기 남양주시 조안면 다산로747번길 11

(운길산역에서 56번 버스를 타고 실학박물관 정류장에서 하차)

📖 입장료 : 무료

수종사

다산 정약용과 실학박물관에서 오전을 보내고, 근처에 연꽃 정원인 세미원에서 연잎밥 식사를 한 뒤 수종사로 향했다.

조카인 단종을 몰아내고 왕이 된 세조. 세조는 단종의 모친인 현덕왕후의 저주 때문이라는 이야기를 증명하듯, 피부병을 심하게 앓았다. 세조가 피부병 치료를 위해 금강산에 다녀오다가 양수리에서 하룻밤을 보내던 중, 은은한 종소리가 들렸다.

이에 이를 찾아가 보니 토굴 속에 18 나한상이 있고, 바위틈에서 떨어지는 물방울이 종소리를 내고 있었다. 이에 18 나한상을 봉안해 절을 짓고 수종사라는 이름을 붙였다는 전설이 전해진다.

그러나 사찰에 세조의 고모인 정의옹주의 부도가 남아있는 것을 미루어보아, 그 이전에 이미 상당 규모의 절이었음을 짐작케 해 이 전설이 얼마나 정확한지는 알 수 없다.

수종사로 향하는 길이 있기는 하나 워낙 가파른 외길이라 차량보다는 걸어가는 편이 낫다.

일주문을 지나면 있는 바로 오른편 아담한 전각에서는 무료로 녹차를 마실 수 있다. 다도의 예를 갖추고 큰 창으로 한강의 전경을 바라보는 것 또한 특별하다.

수종사는 꼭 한번 올라가 볼 만하다. 옛날에 우리 조상들이 이 절을 짓거나 불공을 드리기 위해 험난한 산길을 걸어 다니는 것을 상상하며 올라가보자. 힘들게 올라가지만, 수종사에서 내려다보이는 탁 트인 한강이 참 예쁘다.

오늘의 **미션**

다산 기념관에서 정약용이 딸에게 보낸 편지를 찾아보자.

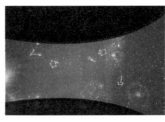

302

남한산성

남한산성

영화나 소설 등으로 인조의 남한산성 피난은 익숙하다. 가기 전
에 남한산성 관련 영화를 찾아보고 가보자. 우리의 역사 중 치욕스런
과거의 하나인 남한산성은 아름답고 슬프다.

남한산성은 조선시대에 지은 것으로 알려져 있었으나, 최근의 발
굴로 신라시대로 추측한다.
남한산성 행궁은 인조 즉위 다음해부터 준공을 시작했다.

대문격인 한남루의 장초석(기둥 받침돌)은 남한산 초등학교에 갔다가 다시 제자리를 찾았다.

영화 '남한산성'을 보면 당시 상황을 잘 알 수 있다.

추위와 굶주림으로 버티기 힘들었던 인조는 결국 행궁생활 47일만에 삼전도에 나가 '삼배구고두례' 하는 굴욕을 당한다.

남한산성 행궁은 크게 외행전과 내행전으로 나누기도 하고, 하궐대와 상궐대로 구분하기도 한다.

재덕당 마당으로 올라가면 내행전의 기와지붕을 볼 수 있다.

토수는 화재에 대비한다는 뜻의 잉어모양이며, 왕이 거처한 궁의 권위에 따라 용이나 봉황 무늬의 막새기와를 볼 수 있다.

또 남한산성 행궁에는 수원화성행궁에 없는 종묘와 사직을 갖추고 있다.

병자호란 때 소현세자와 봉림대군은 먼저 강화도로 피난을 갔으나, 미처 따라가지 못한 인조가 급하게 남한산성으로 가던 중 한겨울 추위에 지쳐 잠시 쉬고 있었다. 그때 '서흔남'이라는 백성이 눈 위에 발자국이 찍혀 흔적이 남길까 하여 신발을 거꾸로 신고 인조를 업어 이동했다는 일화는 유명하다.

　　후에 서흔남은 상으로 임금의 곤룡포를 달라 했고 죽을 때 하사받은 임금의 옷을 같이 묻어 달라 했다고 한다.

　　행궁을 나와 옆으로 돌아가면 산성 위 수어장대로 올라갈 수 있다. 서쪽에 있는 장대로 안에는 '무망루' 라는 현판이 있다고 하나 들어가 볼 수는 없다. (무망루는 영조가 잊지 말자는 의미로 만들었다)

　　옛 수어장대와 현재 모습을 비교해 보는 재미도 있다.

남한산성 위쪽에는 매바위가 있다. 이 매바위는 '이회'라는 사람이 행궁 건설시 공사비 횡령이라는 누명을 쓰고 죽었다. 그는 억울함을 표현하기 위해 곧 새가 날아갈 것이라고 하였고, 마침 그때 매 한 마리가 날아가 사건을 재조사 하였다고 한다.

산성 길 중턱에서는 성곽 너머 멀리 성남시와 잠실 랜드마크도 볼 수 있다. 남한산성을 갈 때는 등산하는 기분이다. 언덕을 약 삼십 분 간 올라가야 수어장대로 갈 수 있다.

단풍이 짙을 때 가면 예쁜 그림을 볼 수 있고, 한겨울에 가면 추위에 싸워 가며 힘겹게 버텼을 병사들이 생각나 감회가 남다르다.

오늘의 **미션**

팔작 지붕의 익공식 처마중 외행전에서 익공이 하나인 초익공과 내행전의 날개가 두 개인 이익공을 찾아보자.

◉ 산성역에서 버스로 약 20분정도면 바로 앞까지 갈 수 있다

📖 입장료 : 2,000원

303

광릉 주변

광릉

봉선사

국립수목원

광릉

광릉은 조선 7대 왕 세조와 세조의 비 정희왕후 윤씨의 무덤이다.

하나의 정자각에 왕과 왕비의 능을 다른 언덕에 따로 만든 동원이강릉의 형식이다. 성종의 선릉도 같은 형식이다.

세조의 유언에 따라 봉분 내부에 돌방을 만들지 않고 회격으로 처리하였다. 병풍석도 세우지 않고, 이전에 병풍석에 있던 12지 신상은 난간석에 새겼다.

간소하게 능을 조성함으로써 비용과 역을 감축했다.

조선 초기에는 언덕(강)이 후기보다 한참 높다.

세조는 세종대왕의 둘째 아들로 태어나 처음엔 진평대군에서 진양대군으로, 후에 수양산에서 절개를 지키던 백이 숙제 같은 충신이 되라고 세종대왕이 수양대군으로 이름을 바꾸었다.

조카 단종을 죽이고 왕위를 빼앗은 이유로 성품이 난폭할 것이라 생각했으나, 여색을 밝히지 않아 단 한명 뿐인 후궁도, 기생도 쳐다보지 않고 정비인 중전만 아낀 데다, 음악적 재능도 뛰어났다. 또 술과 장난을 좋아해 술에 취해 실수한 관리도 너그럽게 이해해 주기도 하였다.

세조와 술에 얽힌 우화는 여러 가지다.

하루는 먼저 정승이 된 신숙주와 후에 정승이 된 구치관을 앞에 두고 "신정승" 부르고서 신숙주가 대답하면 "난 이번에 새로 정승이 된 구치관을 부른 것이야. 벌주 마셔라." 하고 또 "구정승" 하고 불러 신숙주가 대답하자 "이번엔 성을 부른 거야. 또 마셔." 하고 벌주를 내렸다. 나중에 너무 취하자 말에 태워 보냈다고 기록되어 있다. 또 신숙주도 술에 취해 세조와 팔씨름을 하다가 이겨버려 세조의 기분을 상하게 하였으나 한명회의 도움으로 넘겼다.

정희왕후 윤씨는 군부인 시절 거사가 불분명해져 불안해 할 때 직접 수양대군에게 갑옷을 입히며 결행할 수 있게 해준 강단 있는 여인이었다. 자식 둘을 먼저 보내고 빠른 판단력으로 차기 왕을 자을산군(성종)으로 내세워 조선 최초로 13세에 왕이 된 성종을 대신하여 수렴청정을 하기도 했다.

입장료 : 1,000원

봉선사

봉선사는 고려 광종 때 법인국사 탄문이 창건한 것으로 알려져 있다. 창건 당시는 운악사였으나 후에 조선 세조가 승하 한 후 예종 이 광릉에 세조의 능을 조성하고 원찰로 삼았다.

역사가 깊은 만큼 많은 볼만한 문화재가 있다.

봉선사 동종과 괘불이 대표문화재이며, 일 제 강점기에 독립운동을 한 운허 스님이 봉선 사 대웅전의 현판을 한글로 '큰법당'이라 썼다.

주지스님은 춘원 이광수의 사촌형으로 알려져 있어서인지 이광 수 기념비를 볼 수 있다.

입구의 큰 느티나무는 세조의 비 정희왕후가 심었다고 전해진다.

또 중종비 문정왕후는 불교에 심취하여 승과를 부활시켰는데, 승과 시험을 보았다고 하는 승과 평터가 있다.

　조선은 성리학을 바탕으로 숭유억불 정책을 내세웠으나 세조는
불교에 심취해있었다. 상원사 원각사 수종사 모두 세조와 인연이 있
는 절이다. 아무래도 조카와의 관계에서 종교를 통해 속죄하는 마음
이 불교에 심취하게 만든 것이 아닐까 생각해본다.

국립수목원

　세조가 자기 묫자리를 정하고 풀 한포기 뽑는 것 마저 금지시킨 어명이 500년을 이어왔다.

　조선 중기의 큰 전쟁들과 일제강점기의 수탈, 한국전쟁 속에서도 어떻게 버텨왔는지 신기하기만 하다. 덕분에 지금 우리는 울창한 숲을 볼 수 있음에 감사하다.

　수목원을 천천히 산책하는 것도 좋지만 산림청 소속의 숲 해설가와 함께하는 시간도 좋다. 수목원 주변은 맛집 들도 많지만 휴게 공간이 있어서 도시락을 준비해서 먹을 수도 있다.

　국립 수목원이 있는 이곳 광릉은 사계절 예쁘지 않은 시기가 없다. 봄의 싱그러움도, 한여름의 짙은 녹음 속 그늘도 예쁘지만, 특히 가을의 수목원 주변 도로는 키 큰 나무들이 많아 원시림을 연상케 하는 환상적인 드라이브 코스이기도 하다.

오늘의 **미션**

수목원 내에 살고 있는 우리나라 천연기념물인 딱따구리를 찾아보자.

입장료 : 1,000원 / 입장인원 제한이 있어 인터넷 예약을 해야만 가능

304

광명

광명동굴

오리 이원익 종택과 충현박물관

기형도 문학관

광명동굴

광명동굴에 처음 간 날은 한여름은 아니었지만 꽤 더운 날이었다. 올라가면서 덥다고 투덜거렸으나, 동굴 안으로 들어서면서부터 서늘한 바람이 불어와 상쾌하게 했다.

광명동굴은 한여름 피서지로 좋은 곳이다.

일제강점기 조선총독부에서 자원 수탈의 목적으로 만들어졌으며, 후에는 금, 은, 동 등 금속물질을 채굴하였다가, 폐광이후 인천 쪽의 포구에서 생산된 새우젓을 보관하는 용도로 쓰였다.

2011년 광명시에서 매입하여 역사의 현장을 역사관, 와인동굴, 식물원, 음악당 등 관광지로 조성하였다.

역사관에서 공부하고, 와인동굴에서 무료 시음도 하고, 안쪽의 음악당에서 보여주는 레이저 쇼를 넋 놓고 바라보기도 했다.

한 시간 넘는 시간이 지루하지 않았다.

가파른 계단을 오르며 투덜거릴 즈음에 요즘 유행하는 계단 하나에 수명 4초 연장이라는 말에 불평 없이 오르게 하는 센스에 웃음까지 난다.

동굴 안쪽으로 조금씩 들어가자 한기가 느껴져 외투를 꺼내 입어야했다.

광명동굴은 다양한 행사와 공연 등으로 흥미롭게 구성되어 둘러보는데 재밌었으나, 주말시간이나 휴가철에는 들어가는 인파가 몰린다.

또 입구에 휴게 공간이 있으나 간단한 스낵뿐이니 약간의 간식거리를 챙겨 가면 좋을듯하다.

📖 입장료 : 6,000원

오리 이원익 종택과 충현박물관

　오리 이원익 선생은 임진왜란 인조반정 정묘호란등 조선 중기의
굵직한 사건에 등장한다.

　키가 작아 키 작은 재상이라고도 불린 그는 사람들과 어울리기를
좋아하지 않고, 언제나 검소한 삶을 살아 유성룡이나 이이 등 당대의
학자들은 일찍부터 그를 알아보았다.

　선조 때에는 호송공신으로 인정받고, 평양에서 공을 세워 영의정
에 오른다.

　광해군 때에 다시 영의정이 되어 대동법을 경기도에 시행했다.

인조 때에도 영의정을 지내 광해군을 처형시키려 할 때, 자신 또한 광해군시절 영의정이었으니 내치라고 말해 광해군의 목숨을 살렸다는 이야기도 있다.

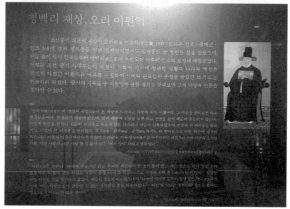

선조 광해군 인조 3대에 걸쳐 영의정을 다섯 번이나 지냈으나, 집은 작은 초가집에 나중에는 끼니를 걱정할 정도였다니 그의 청빈함을 알 수 있다. 두 칸짜리 초가집이 비가 샌다는 이야기를 듣고 인조가 하사한 집이 관감당이다.

계속 사양하다 다섯 번째야 백성을 돌보라는 뜻에서 받았다고 전해진다.

그의 유서에 "풍수지리를 믿지 말고 아무데나 써라. 관은 오동나무 말고 소나무 관을 써라." 등 그의 성격을 알 수 있다. 특이하게 오른쪽 위는 아들의 무덤이고 왼쪽 위는 손자의 무덤이다.

묘를 역순으로 세우면 역모에 걸리지 않는다는 설도 있다.

부인 영일정씨와 합장묘이다. 부인은 정몽주의 7대손이다.

광명동굴이 한여름 피서지라면 이곳은 늦가을이 제 맛이다.

오래된 종택에 400년 된 보호수와, 마당에 수북이 싸인 낙엽 퇴적층에 굴러다니는 도토리와 밤들이 예쁘다. 하나 슬쩍 주워서 손으로 까먹어보니 알밤이 참 맛있기도 하다.

종택 뒤로 산책 삼아 한 바퀴 돌아보니 곳곳에 정자들이 보인다.

4백년이나 된 측백나무나 그가 거문고를 타던 탄금암도 찾아보자.

오리영우. 무슨 뜻일까.

영우는 집이라는 뜻이다.

삼상대 풍욕장 맷돌과 옹기들 같이 둘러볼 것이 많다.

삼상대는 이원익이 영의정, 좌의정, 우의정의 세 정승을 다 역임했다는 의미다.

당파를 초월한 청백리의 표본이 된 오리 이원익 종택에서 휴식 같은 학습의 시간이 좋았다.

오늘의 미션

당시 월급봉투인 녹표를 찾아보고 월급이 얼마였는지 알아보자.

기형도 문학관

기형도문학관은 광명 이케아 바로 옆에 있다.

방문한 날 비가 엄청 내려서인지 문학관 내부에서 내다보이는 창 밖 경치가 상당히 운치 있었다.

기형도는 1960년생이다. 어찌 보면 동시대를 살았던 그는, 29세에 뇌졸중으로 사망하기까지 가난한 시절의 우울함을 아름다운 언어로 표현했다. 가난한 삶속에서 공부를 곧잘 하여 반장도 하고, 연세대학교 정치외교학과를 나온 그는 신문사에서 근무했다.

시집 출간을 준비하는 중 종로의 한 극장에서 뇌졸중으로 사망했다. 그의 시는 어딘지 우울하고 답답하다. 어린 시절의 가난과 불우한 환경 속에서 자라난 천재적인 감각과 독특한 감성의 시는 한번 보고 돌아서면 잊혀지지 않고 자꾸 생각난다.

문학관은 지은 지 얼마 되지 않아 깨끗하고 쾌적했다. 그의 친필 자료들과 다양한 테마 구간이 있어 참여를 유도하기는 하나 삼십분이면 다 돌아볼 수 있다. 2층과 3층에 북카페와 도서관이 있으며 옥상에는 야외휴게실이 있다. 메인 간판격인 기형도문학관의 글씨체가 예쁘다 생각했는데 그의 글씨라고 하니 한 번 더 눈이 간다.

오늘의 미션

그의 시들 중 맘에 드는 것을 하나 골라 낭독해보자.

305

동구릉

동구릉

동구릉

동쪽에 있는 9개의 능이다. 동구릉은 풍수지리에 능한 무학대사가 추천했다는 설이 있으나 정확한 근거는 없다.

[건원릉]

건원릉은 조선을 세운 태조이성계의 능이다.

건원릉은 봉분에 억새가 뒤덮여 있는데, 이것은 죽기 전에 고향 함흥에 묻어달라는 유언에 함흥에서 가져온 흙과 억새로 봉분을 덮었다.

지금까지도 억새를 관리하고 있어서 태조 이성계 능의 권위가 느껴진다.

[현릉]

현릉은 조선 제5대 왕 문종과 정비 현덕왕후 권씨의 능이다.

성품이 어질고 학문이 깊은 문종은 세종을 도와 측우기를 발명하였고 역사서 편찬도 참여했다. 현덕왕후는 단종을 낳은 지 얼마 되지 않아 산후병으로 죽었으며, 후에 문종 옆으로 이장했다.

세조의 꿈에서 현덕왕후가 세조에게 "네가 내 새끼를 죽였으니 너도 당해봐라."하고 침을 뱉었는데 그 이후 세조가 피부병으로 고생했다는 이야기는 유명하다.

[목릉]

목릉은 조선 제14대 왕 선조와 정비 의인왕후 박씨, 계비 인목왕후 김씨의 능이다.

하루는 명종이 여러 왕손들을 궁중에서 가르칠 때 익선관을 벗어 왕손들에게 주며 써보라고 하였다. "너희들의 머리가 큰가 작은가를 대보려 한다." 명종은 여러 왕손들에게 익선관을 써보게 하였다. 다른 왕손들은 돌아가면서 익선관을 써보았지만, 제일 나이가 어린 선조는 머리를 숙여 사양하였다 "이것을 어찌 보통 사람이 쓸 수 있겠습니까?" 선조는 이렇게 아뢴 뒤 두 손으로 관을 받들어 어전에 도로 가져다 놓았다. 이를 본 명종은 매우 기특하게 여기며, 그에게 왕위를 전해줄 뜻을 정하였다는 일화가 전해진다.

선조는 임진왜란 때 의주까지 몽진한 이유로 비난을 받고 있으나 당대에 인재가 많이 나온 것을 보면 사람 보는 안목은 있었던 것 같다.

당대 인물로는 동의보감의 허준, 이순신, 송강 정철, 율곡 이이, 곽재우 등이 있다.

인목왕후는 선조의 계비로 19세에 왕비가 되어 적장자인 영창대군을 낳았으나, 광해군에 의해 아들을 잃고 폐비가 되었다. 후에 선조의 손자인 능양군의 반정이 성공하고 인조가 즉위하면서 복권되었다.

[휘릉]

휘릉은 조선 제16대 왕 인조의 계비 장렬왕후 조씨의 능이다.

장렬왕후 조씨는 인조 사후 자의대비로 오래 살다 예송논쟁의 주인공이 되기도 한다. 남인과 서인의 싸움인 예송논쟁은 마지막엔 남인이 정권을 잡게 된다.

장렬왕후는 인조의 계비였으나 후궁 소용 조씨에 눌려 왕의 총애를 받지 못했다. 그런 장렬왕후는 자신의 처소에 나인 장옥정을 숙종의 후궁으로 만든 것은 웃지 못할 일이다.

인조는 파주의 장릉으로 인열왕후와 합장되어있다.

[숭릉]

숭릉은 조선 제18대 왕 현종과 정비 명성왕후 김씨의 능이다.

현종은 효종(봉림대군)이 청나라에 있을 때 출생하여, 조선왕들 중 유일하게 외국에서 태어났다. 게다가 명성왕후 외에 후궁이 하나도 없던 왕은 현종 뿐일까 한다.

명성왕후는 숙종이 어린나이에 왕위에 올라 잠시 수렴청정하였으며, 치맛바람으로 기가 센 왕비 중 하나였다.

[혜릉]

혜릉은 조선 제20대 왕 경종의 정비 단의왕후 심씨의 능이다.

단의왕후 심씨는 경종이 세자시절 세자빈으로 간택되었다가 경종이 즉위 전에 자식 없이 사망하였으나, 즉위 후에 단의왕후로 추존되었다. 경종의 능은 석관동에 있는 의릉으로 선의왕후 어씨와 함께 있다.

[원릉]

원릉은 조선 제21대 왕 영조와 계비 정순왕후 김씨의 능이다.

영조는 어머니 숙빈 최씨의 신분이 천한 것과 경종 독살설로 시달렸으나, 조선왕들 중 가장 긴 53년간의 재위기간을 가졌다.

첫 번째 왕비인 정성왕후 서씨는 혼인 첫날 밤 영조(연잉군)가 그녀의 손을 보고 "왜 이리 곱냐."고 묻자 "손에 물 묻히는 험한 일을 하지 않아 그렇다."고 하자 영조는 자신의 어머니 숙빈 최씨를 무시한 것으로 생각하고 이후로 찾지 않았다고 한다.

두 번째 왕비인 정순왕후 김씨는 간택 시 영조가 왕비 후보들에게 세상에서 가장 깊은 것이 무엇이냐고 묻자 다른 후보들은 산이다 물이다 하였으나 정순왕후는 사람의 마음이라 하였고, 다음 질문 세상에서 가장 높은 고개가 무엇이냐는 물음에 보릿고개라는 대답에 간택되었다고 전해진다. 후에 정조가 죽고 순조가 왕위에 오르자 대왕대비가 되어 권한행사를 하며 천주교 탄압과 정조가 만든 정치제도를 전면 부정하였다.

[경릉]

경릉은 조선 제24대 왕 헌종과 정비 효현왕후 김씨, 계비 효정왕후 홍씨의 능이다. 보기 드문 삼연릉이다.

헌종은 첫 번째 정비가 죽고 계비 간택 시 삼간택 후보를 몰래 보고 경빈 김씨에게 반했다.

그러나 헌종이 맘에 들어하던 김씨가 간택되지 못하자 그녀를 후궁으로 뽑고 그녀를 위해 낙선재를 지어주었다고 한다. 딱히 드러나는 업적도 없고 23세에 자식 없이 요절하므로 세도정치가 속에서 강화도령으로 불리는 철종으로 이어지게 된다.

[수릉]

수릉은 대한제국 추존황제 문조와 정비 신정왕후 조씨의 능이다. 문조는 순조의 맏아들이자, 헌종의 아버지이며, 신정왕후 조씨는 헌종의 어머니이다.

문조는 효명세자의 신분으로 세상을 떠나 경종의 의릉 왼편에 연경묘라는 조성하였다가, 아들 헌종이 왕위에 오르자 익종으로 추존하고 능의 이름을 수릉이라 하였다.

후에 풍수상 불길하다 하여 동구릉으로 이장되었다. 고종 때 신정왕후가 세상을 떠나자 수릉에 합장하였다

천천히 한 바퀴 돌아보고 나서 갑자기 흥미로워졌다.

왕과 왕비로 만나 죽어서도 함께 묻히기도 하고 바로 옆에 정비와 계비가 나란히 있는 경우도 있고 멀리 떨어져 홀로 묻힌 곳도 있다. 서로 안 좋은 사건에 얽혀 껄끄러워 보이는 관계는 가까이 없는듯하다.

굳이 하나 고르자면 경종의 비 단의왕후 심씨와 영조가 가까이 있는 것만 제외하고는 다 무고하다.

불편한 관계는 사후에서도 가까이 모시지 않았다.

오늘의 **미션**

9개의 능 중 유난히 다른 형태를 가진 능이 하나 있다.

보통은 신로와 어로가 홍살문에서 일직선으로 올라가는데 꺾어진 형태를 가진 능이 있다. 누구의 능인지 찾아보자.

입구에 있는 역사문화관에서 VR체험을 통해서 직접 올라가 볼 수 없는 능침에서 능의 주인이 되듯 내려다보는 것도 특별한 볼거리다.

📍 상봉역이나 태릉입구역에서 버스를 이용해 동구릉 바로 앞에서 하차

🎫 입장료 : 1,000원 ⓟ 주차 : 30분에 500원

306

장흥

양주시립 장욱진미술관

권율장군 묘

양주시립 장욱진미술관

이곳을 방문한 날은 늦가을 좋은날이었다.

들어가면서 야외 조각공원
도 예뻤지만 가을색 짙은 계
절에 곳곳이 사진 찍기 좋은
곳이다.

건축상을 받은 이 미술관
은 열린 듯 아닌 듯 간접 햇빛
속에 있다.

미술관 가는 길은 작은 개울 위 구름다리를 건너야 한다. 아마도 여름엔 이 계곡에서 많은 아이들이 물놀이를 할 것 같다. 구름다리를 건너가면 흰색의 특별한 건축물이 그의 작품 속 천진함과 묘한 일치감을 준다.

술과 담배를 좋아했던 장욱진이지만 그림 속에는 아이 같은 순수함이 있다.

덕소에서는 혼자서 그림만 그리며 궁핍한 생활을 했고, 부인은 혜화동에서 작은 서점을 운영하며 생계를 유지했다.

덕소집의 벽을 통째로 가져온 벽화도, 동화 속 삽화 같은 친근함과 색감도, 같은 소재라도 박수근, 이중섭과 비슷한 듯 다른 특별함이 그의 매력이다.

고흐풍의 자화상과 호작도에서도 단순함 속에서 그 만의 독특한 분위기가 따뜻하다.

오늘의 미션

장욱진의 그림 중 가장 마음에 드는 그림을 한 점 골라보자.

그리고 그의 작품 중 가장 비싼 그림이 어느 것인지 찾아보자.

권율장군 묘

임진왜란 때 행주대첩으로 유명한 권율장군의 묘이다.

그의 부친 권철과 부인 둘의 무덤도 함께 있다.

권율의 부친 권철은 영의정을 지냈으며, 이를 미루어보아 명문가 집안임을 알 수 있다.

또 하나 그의 사위는 백사 이항복으로, 우리가 흔히 아는 '오성과 한음'의 이항복이다.

이항복이 어린 시절 감나무가 권율장군 집 담을 넘어가 ㄱ 집 하인들이 따먹는 것을 보고 권율 집에 찾아가 주먹을 창호지 안으로 밀어 넣어 권율의 아버지 권철과 팔뚝의 소유권을 따진 유명한 일화의 주인공이다.

재실 앞의 비각 중 밖에 이끼 낀 것이 부친의 것이다.

하늘이 너무나도 파란 날이었다.

푸른 하늘 숲속의 하얀 집이 자연과 함께 한참을 즐기기에 좋다.

307

김유정

김유정은 1908년에 태어나 1937년 29세에 사망했다.

부유한 집안에서 태어났으나, 소작인들에게도 꼬박꼬박 존댓말을 사용했다고 한다.

시인 이상과 친구로 지낼 때 동반 자살을 계획했다가 김유정의 반대로 무산되었다.

그러나 둘은 18일 간격으로 세상을 떠났다.

그의 사랑들은 참 안타깝다.

연희전문학교 시절 기생 박녹주에게 첫눈에 반하여 수백 통의 편지를 쓰고, 집 앞에서 하염없이 기다리기도 했다.

또한 병원에 입원해 있는 박녹주를 찾아가 청혼을 하고, 혈서를 써서 보내는 등 지독한 짝사랑을 했다. 그리고 신문에 난 박봉자의 글만 보고, 얼굴도 모르는 이에게 수십 통의 연애편지를 보내며 폐인처럼 생활하기도 했다. 그래서인지 그의 작품 속 남자 주인공들은 자신을 대변하는 듯 소극적이고 어눌하다.

부유했던 김유정은 형의 사업이 실패하면서 가난과 질병에 시달렸다. 이 시기에 친구 안회남에게 '일거리와 돈이 필요하며 보양식을 먹어야 한다.'는 내용의 편지를 쓴다. (안회남은 무용가 최승희의 남편으로, 아명은 '필승'이다.)

결국 김유정은 가난 속에서 폐결핵과 치질로 고생하다 29세에 사망한다.

김유정역

　김유정역은 사람의 이름이 붙은 최초의 역이다.

　레일바이크를 탈 수 있고, 거대한 책의 담벼락도 볼만하며 근처에 폐역도 있다. 이런저런 감성적인 글귀들과, 추억의 기차와 그 시절 소품도 볼 수 있어 사진을 찍기에도 나무랄 데가 없다.

김유정 문학촌

김유정문학촌은 곳곳에 그의 작품 속 배경들이 나와 있어 마치 내가 그 소설 속에 들어가 있는 기분이 든다. 그의 생가도 복원해 놓아 당시의 농촌 생활모습도 둘러 볼 수 있다.

김유정폐역

아주 오래전의 기차역을 생각나게 하는 재 밌는 곳이다. 지금은 볼 수 없는 기차표나 역 무원들의 옷을 입어볼 수도 있다.

승강장에 푯말들이 인상적인 곳이다.

오늘의 미션

우리말을 사랑하고 천재적인 재능으로 약 2년 간 수십 편의 소설을 썼던

김유정이 뽀뽀라는 단어를 처음 사용했다고 한다.

그의 어느 작품에서 뽀뽀라는 말이 나왔을까?

책과 인쇄박물관

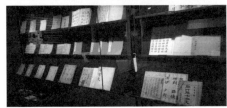

우리나라는 출판 인쇄에 관한 역사가 깊다. 고서에서부터 근현대 문학에 관한 많은 자료들이 시기별, 작가별로 정리되어 있고, 인쇄의 과정과 변천사를 한눈에 알아볼 수 있다.

1970년 이전에 출생한 이들에게는 추억소환의 도구로, 아이들에게는 다양한 체험 프로그램으로 인쇄의 과정에 대해 재밌게 접근할 수 있다.

초록잔디가 예쁜 마당에서는 사진도 잘 나온다.

들어가는 길이 좁고 이정표가 잘 눈에 띄지 않으니 천천히 신경 써서 찾아야 한다.

◉ 경춘선 김유정역에서 도보로 20분　📖 입장료 : 6000원

308

서오릉

서오릉

조선은 일부일처제의 나라다. 처와 첩, 비와 후궁들. 일처라고는 하지만 후궁이 많게는 11명까지 있었다고 전해진다.

그중 드라마 단골소재이며, 제웅이라는 저주인형을 알게 해준 장희빈의 남자 숙종이 있는 곳이 서오릉이다.

서오릉은 경릉, 창릉, 익릉, 명릉, 홍릉을 일컫는다.

{경릉}

경릉은 특이하게 왕의 무덤보다 비의 무덤이 더 크고 화려하다.

세조의 장남 덕종의 무덤이다. 덕종이 왕이 되지 못하고 의경세

자신분으로 죽었기에 무덤도 그 신분에 맞게 구성했으나, 소혜왕후 한씨(인수대비)는 한씨의 둘째아들(성종)이 왕이 되면서 대비가 되었기 때문이다.

{창릉}

창릉은 예종과 계비 안순왕후한씨의 무덤이다.

{익릉}

익릉은 숙종비인 인경왕후의 무덤이다. 이곳은 특이하게 홍살문에서 정자각까지 가는 길이 계단식으로 되어있다.

{명릉}

명릉은 숙종과 1계비 인현왕후, 2계비 인원왕후의 무덤이다.

인현왕후는 살아생전에 희빈 장씨에 눌려 사랑받지 못하고 쫓겨났다가 돌아오는 등 험난했으나, 지금은 나란히 있다.

비록 합장릉은 아니어도 깔끔한 쌍릉이다. 그리고 그 옆에 영조를 지지했던 인원왕후도 함께 있다.

명릉은 향로와 어로, 변로까지 잘 나타나 있다.

전에는 참도라 불렀는데 일본식 표기라는 말에 신로와 어로로 부르기도 하더니, 이곳에서는 향로와 어로라고 적혀있다.

{홍릉}

홍릉은 영조의 비 정성왕후서씨의 무덤이다.

이곳은 왕의 능침 자리가 비어있다.

영조 사후 이곳으로 모시려 자리를 비워두었으나, 영조가 동구릉에 묻혀 그저 빈자리로 있다.

영조가 첫날밤에 서씨의 손을 보고 "손이 참 곱다."고 하자 "손에 물 묻히는 험한 일을 하지 않아서이다."고 대답했다. 영조는 생모의 신분이 천한 것을 비웃는 것으로 생각해 그날 이후로 그녀를 찾지 않았다고 한다.

죽기 직전 검은 피를 한참 토했다고 하는데도 영조의 관심을 받지 못했다하니, 그녀는 삶도 죽음도 참 외로웠을 것이다.

그리고 희빈장씨의 대빈묘.

숙종은 죽어서도 여복이 넘친다. 세 명의 정비와 총애하던 후궁까지 모두 근처에 있으니, 좋은 것일까 아님 내내 스트레스일까.

{순창원}

명종의 장자인 순회세자와 공회빈 윤씨의 묘이다.

이곳에도 답답한 사연이 있다. 공회빈 윤씨가 죽고 나서 바로 임진왜란이 일어나, 선조가 몽진 시 임시로 가매장했으나 후에 시신을 찾지 못해서 신주만 모셨다고 한다.

{수경원}

영조의 후궁 영빈이씨.

사도세자의 생모로 더 잘 알려진 영빈 이씨는 원래 연세대학교 내에 묘를 세웠다가 옮겨졌다. 옮기면서 정자각과 비각은 옮겨오지 않아 비각과 비석이 멀리 떨어져있게 된다.

사연 없는 무덤이 없겠지만 이곳 서오릉은 정말 큰 사건의 주인공들이 유독 많이 모여 있다.

고증에 철저했다던 영화 '사도'를 찾아보는 것도 좋겠다.

오늘의 미션

서오릉의 주인들 중 누가 가장 힘든 삶이었을까?

309

수원 화성

조선시대의 인기 많은 왕 중 하나인 정조대왕.

아마도 그가 조금 이른 나이에 죽어서 더 안타까운 듯하다.

'그가 조금 더 살았다면 달라졌을까'하는 생각에 수원화성은 더
신비롭게 느껴진다.

그의 아버지 장조(사도세자)에 대한 효심에서 시작되었다고 알려졌
으나 그의 또 다른 속내를 생각해보면 수원 화성은 정조의 큰 그림에
서 시작되었다고 할 수 있다.

수원화성 박물관

화성을 둘러보기 전에 수원화성 박물관을 먼저 보자.

화성 축조에 쓰였던 거중기나 녹로 의궤를 보고 화성 전체의 모
형을 보고 찾아가 보는 게 좋겠다.

수원 화성

    계획된 신도시 건설. 사방으로 난 문은 각기 다른 특색이 있다.

    북쪽 장안문은 검은색 깃발 아래 한 타에 세 개의 구멍이 있다. 근총안, 원총안 그리고 아래로 나있는 누조가 있다.

    화홍문은 일곱 개의 수문이 있다. 무지개 홍(虹)자를 써서 홍예문이라고도 한다.

    수문 위에 전각에 신발 벗고 올라가 보니 앞으로 개천이 흘러 무지개가 보일 것만 같다.

    천장 모서리에 부챗살 서까래인 선자연도 익숙하다.

    남쪽은 팔달문이다. 서울의 동대문에서도 볼 수 있는 반달 모양의 옹성을 갖추고 있다.

    사통팔달이라는 말에서 나온 팔달문은 모든 곳으로 통한다는 뜻을 가지고 있다.

서쪽엔 화서문이 있다.

수원시의 마크가 바로 이 화서문을 본떠 만들었다고 한다.

동쪽의 문은 창룡문이다. 오방신 중 당연히 푸른 용을 뜻한다. 깃발도 파란색이다. 화성성역의궤는 화성건축 당시 모든 것을 아주 자세하게 기록했다. 건축에 참여했던 요역의 이름과 급료까지 나와 있다. 풍납토성은 흙으로 지어졌고 화성은 벽돌과 돌로 만들었다.

정조와 정약용, 채제공 등 당대의 천재들이 모여 특별한 공격과 방어성을 만든 것이다.

정조 이후 큰 난이 없어 화성의 전투능력을 시험해 보지 못했지만 화려한 방화수류정도 화홍문에서 시원하게 보이는 버드내도 세련미 넘치는 벽돌 공심돈도 하나하나 설레지 않는 것이 없다.

정조의 꿈

화성축조에 관한 모든 기록

세계가 인정하는 우리 문화유산의 자랑스러움이다.

행궁

조금 걸어 행궁 중 가장 크다는 화성행궁에 가보자.

혜경궁을 위한 봉수당에는 인형들로 재현되었다.

마당 한쪽에 반은 죽고 반은 살아있는 나무는 마치 서대문 형무소의 미루나무가 연상되기도 한다. 정조는 혜경궁이 칠순 때에 순조에게 왕위를 양위하고 화성에 살고 싶어 했다. 그러나 49세에 (외우기 쉽게 딱 1800년) 돌아가셔서 화성의 꿈은 이루지 못했다.

화성박물관은 공심돈의 형상이다. 이곳에서 정주의 글씨와 그림 수원화성의 축조 방법 등을 자세히 볼 수 있다. 총책임자인 영의정 채제공의 초상화 속 부채는 정조의 하사품이라고 한다.

예전에는 '수원'하면 갈비가 유명했는데 지금은 통닭 거리가 생겼다. 행궁 옆으로는 인사동 느낌의 예쁜 거리로 단장되어 이것저것 볼거리가 많아졌다.

체력을 보충시키며 서노대에도 올라가 보자. 높은 곳에서 내려다 보면 자연과 어울리는 화성의 또 다른 아름다움을 볼 수 있다.

융건릉

융릉은 사도세자 장조와 헌경왕후 홍씨의 합장릉이다. 정조와 효의왕후 김씨의 무덤인 건릉을 말한다.

참도 양쪽에 넓게 박석을 깔아놓은 점이 특이하다.

혜경궁의 양면성에 대해 이러저러한 설이 많아 섣부른 판단이 조심스럽다. 사도세자는 혜경궁과의 합장이 마음에 들었을까 하는 생각이 살짝 든다.

융릉의 형상이 용이 여의주를 가지고 노는 모습이라 하여 융릉에서 내려다보이는 곳에 여의주 모양의 원형 연못을 만들었다.

게다가 정조가 뒤주에 갇혀 돌아가신 사도세자의 답답함을 생각해 앞을 틔워놓았다는 이야기를 들어서인지 어딘지 융릉은 다른 능보다 조금 더 시원한 느낌을 준다.

건릉과 비슷하면서도 융릉이 더 조형에 신경 쓴 게 보인다.

사도세자의 안타까운 죽음과 정조의 효심이 어딘지 슬픔을 깔고 있는 것 같아 발걸음도 무거웠다.

용주사

융건릉의 원찰인 용주사는 들어가는 길목에 큼직한 돌들이 양쪽으로 도열하듯 되어있어 살짝 두근거리게 한다.

웅장한 천보루도, 정조가 심었다는 회양나무도, 정조의 친필현판도 김홍도가 그렸다는 서양 화법의 음영 기법을 이용한 후불탱화도 모두 놓치지 않고 꼭 봐야 할 것들이다.

이뿐 아니라 국보 동종이나 문화재인 금동향로 청동 향로도 소장하고 있다.

사도세자와 정조의 흔적인 이곳은 한 번에 둘러보기는 무리가 있다.

대충 돌아보기에도 어마어마한 걸음 수에 놀라기도 한다.

간단한 간식거리와 마실 물 그리고 편안한 운동화는 필수다.

오늘의 **미션**

수원화성은 밤에 더 신비롭다.

시간이 허락한다면 저녁에 조명이 들어오는 화성도 꼭 보고 오자.

마치 외국의 유명 관광지 같은 화성의 야경은 특별한 볼거리다.

310

남양주

홍유릉

'남양주 홍릉과 유릉'은 대한제국 제1대 고종황제와 명성태황후를 모신 홍릉, 제2대이자 마지막 황제인 순종황제와 순명효황후, 순정효황후를 모신 유

원쪽에는 고종황제가, 오른쪽에는 명성황후가 모셔져 있다.
Emperor Gojong is placed in the left side of the tomb and Empress Myeongseong in the right.

릉을 비롯하여 황태자 영친왕과 영친왕비가 잠든 '영원'과 황세손 이구의 묘인 '회인원'의 원 2기, '덕혜옹주묘'와 '의친왕묘' 등 황실 가족의 묘들이 함께 자리하고 있다.

홍릉과 유릉은 조선의 국명이 황제국인 대한제국이었으므로 명 황제의 능 형식을 따랐다. 기존의 조선 왕실의 능처럼 능침을 둘러싸고 있는 형식이 아니라 입구로부터 좌우로 도열 되어있다.

정자각도 일자각으로 달라졌으며 좌우 계단도 앞쪽으로 옮겨졌다. 석물은 기존의 조선 왕릉에서 볼 수 없었던 코끼리, 기린, 낙타 등의 석물이 등장하고 유릉의 석물은 홍릉의 것보다 더 크고 입체적이다. 문석인과 무석인도 서구의 조각상 느낌이다.

이는 능을 조성할 때 일본이 주도하여 일본인 조각가들이 제작하였기 때문에 분위기가 많이 달라졌음을 알 수 있다.

유릉

순종효황제, 순명효황후, 순정효황후의 동봉삼실 합장릉이다.

유릉도 홍릉과 마찬가지로 황제릉의 형식을 따랐다.

순종은 고종의 둘째 아들로 창덕궁에서 태어나 황태자에 책봉되고 고종의 뒤를 이어 창덕궁에서 즉위한다. 즉위 후 연호를 융희라 하고 기울어가는 국운을 바로 잡으려 하였으나 재위 4년만인 1910년 일본에 병탄되고 말았다.

순명효황후는 여은부원군 민태호의 딸로서 고종 19년(1882) 11세에 세자빈에 책봉되고 광무 원년(1897) 황태자비에 책봉되었으나, 순종이 즉위하기 전 1904년 33세로 경운궁에서 승하하였다.

순정효황후는 해풍부원군 윤택영의 딸로서 광무 10년(1906) 13세에 동궁계비로 책봉되어 그다음 해 순종이 즉위하자 황후가 되었다. 1910년 일제가 조선왕조를 병탄하고자 조약체결을 서두르자 옥새를 감추기까지 하였다. 그 후 불교에 귀의하여 모든 슬픔을 달랜 채 1966년 1월 13일 춘추 72세로 창덕궁 낙선재에서 승하하였다.

오늘의 **미션**

> 홍릉과 유릉의 석상들을 비교해보자.
> 홍릉의 석상은 동물의 다리사이가 막혀있으나 유릉의 석상은 다리사이에 공간이 있다. 석상의 크기와 모양들을 비교해보자.

덕혜옹주묘

덕혜옹주는 고종과 귀인 양씨 사이에서 태어났다.

1925년 일본으로 끌려가 쓰시마섬 도주의 후예인 다케유키와 강제 결혼하였다가 구황실복원사업이 전개되자 귀국하여 낙선재에서 살았다.

한동안 방치되었다가 도서 '덕혜옹주'가 영화화되면서 새롭게 조성되었다.

영원

대한 제국의 마지막 황태자인 영왕 이은(영친왕, 의민황태자)과 부인 이방자의 묘로 홍릉·유릉과 더불어 1970년 5월 26일 사적 제207호로 지정되었다.

회인원

황세손 이구로 영친왕과 이방자여사의 둘째 아들로 큰아들이 일찍 죽어 잠정황태자였다.

의친왕묘

의친왕(이구)은 고종황제와 귀인 장씨 사이에서 태어난 다섯째 아들이다.

1919년 대동단의 최익환 등과 협의, 대한민국 임시정부로 탈출을 기도, 만주 안둥에서 발각, 송환되었다. 그 뒤 여러 번 일본 정부로부터 도일을 강요받았으나, 거부하고 끝까지 배일정신을 지켰다.

홍릉과 유릉에서 덕혜옹주묘로 넘어가는 길목에 조선 왕릉이 태조부터 순서대로 정리 하여 나열되어 있다.

◉ 상봉역에서 65번 홍유릉후문에서 하차 📖 관람료 : 1,000원 Ⓟ 주차 : 가능

 능과 원 묘의 차이

- **능** 왕과 왕비(예 : 동구능, 선릉, 정릉...)
- **원** 왕세자, 왕세자비, 왕세손과 그 비, 왕의 생모인 빈과 왕의 친분이 있는 인물. (예 : 영원, 회인원...)
- **묘** 기타 빈, 왕자, 옹주, 공주, 일반인 등
  왕위에 있었다 하더라도 폐위되어 복권되지 못한 연산군이나 광해군의 무덤.
  서민의 무덤을 지칭하는 경우에도 사용.
  (예 : 광해군묘, 연산군묘, 덕혜옹주묘...)
- **총** 무덤의 주인은 알 수 없으나 다른 무덤과 특별하게 구분될 수 있는 특징이 있을
  경우.(예 : 천마총, 무용총, 적석총...)
- **분** 무덤 주인도 모르고 다른 무덤과 구별되는 큰 특징도 없는 경우.
  (예 : 가야고분, 고구려고분...)

벚꽃 나무들이 양쪽으로 길게 늘어져 있기는 하다. 그러나 너무
키가 커버려서인지 아주 예전처럼 벚꽃 터널의 그림은 되지 않는다.
벚꽃이 흩날릴 때 가면 꽃비를 맞으며 산책하기 좋다.

사릉

조선 제6대 왕 단종의 부인 정순왕후의 무덤이다.

정순왕후는 82세까지 살다 가셨는데 자식이 없어 단종의 누이인 경혜공주 시가묘역에 묘를 만들었다.

노산군으로 강봉되었던 단종은 후에 숙종 때에 단종으로 복위되면서 정순왕후도 복위되었다.

조선왕릉 중 한양에서 가장 멀리 있는 단종의 장릉과도 떨어져 있다. 단종은 숙부인 수양대군에게 왕위를 찬탈당하고 영월로 유배를 가고 사약을 받았으나 목을 매고 자결했다고 전해진다. 그의 시신은 청령포에 방치되어 있던 것을 엄흥도가 수습하여 지금 장릉 자리에 안치하였다.

비극적인 삶을 살다간 단종이 복위되기까지는 200년이 걸렸다.

311

양주

회암사지 박물관

양주 회암사지터

회암사지 박물관

숭유억불 정책의 조선 시대에 반하는 궁궐형식의 대규모 사찰이다.

일반사찰과는 다른 고려 시대 궁궐 양식을 많이 따르고 있다. 실제로 궁궐에서 사용하던 용이나 봉황무늬의 기와 등이 출토되었다.

266칸의 큰 규모의 사찰로 출토된 유물의 명문으로 연대시기를 추정할 수 있다.

태종실록에 태조 이성계가 방문했다는 기록이 있는 것으로도 조선 초기 왕실 사찰임을 알 수 있다.

회암사와 관련 있는 지공선사와 나옹선사, 무학대사 그리고 세조
비 정희왕후나 문정왕후도 불교에 많이 심취해있었다고 기록되어
있다.

선사와 대사의 차이점은 시대상 승려의 최고 존칭이라 한다.

유물로는 장식기와 수막새, 용두, 토수, 잡상 등이 있다.

불화를 찾아보자.

숭불정책의 고려 시대는 불화에 채색을 하였으나 조선시대에는
채색하지 않고 금입사로 되어있다.

문정왕후 때 무차대회 400점이라고 기록되어있으나 현재 남아있
는 것은 6점뿐이다. 그마저도 미국에 1점 일본에 4점 우리나라에 1
점뿐이다.

문정왕후와 보우의 실정으로 백성들의 원성을 사서 화재로 소실
된 것이 아니라는 설도 있다.

15분간의 영상물도 꼭 보자. 하나하나의 건물의 위치와 용도가

흥미롭게 되어있어 보는 재미가 있다.

　박물관 입구에는 왕실 의상을 입어볼 수 있는 체험 공간도 있고 박물관 주변에는 미로 공원과 넓은 광장이 있어 보드를 타도 좋겠다.
　또 박물관 자체 여러 가지 체험 프로그램이 많으니 미리 찾아보고 가자.

　보통 왕실이나 왕실 사찰 등에 나타나는 봉황새는 수컷 봉과 암컷 황으로 짝을 이루어야만 한다. 그러므로 한 마리만 놓고, 봉황이라 하면 틀린 것이라 한다.

양주 회암사지터

박물관을 나와 회암사지터로 올라가자. 둘레길 산책하듯 한참 올라가면 전망대가 있어 한눈에 둘러보기 좋다.

간단한 간식거리를 챙겨가자.

회암사지터는 얼핏 로마의 포로로마노가 연상되기도 한다. 사실 그때 그대로의 모습은 아니고 복원해놓은 것이다. 그래도 그 웅장함과 거대함에 입이 벌어진다.

오늘의 미션

조금 더 움직여서 회암사를 가자.

그곳에서 지공선사와 나옹선사, 무학

대사의 묘와 비석 등을 찾아보자.

312

전곡

전곡 선사유적지

소요산 자재암

전곡 선사유적지

  한탄강 유원지에서 주한미군 병사인 그렉 보웬이 연인과 데이트를 하던 도중 강가에서 특이한 모양의 돌멩이를 발견했다. 고고학자라고 알려진 그가 그 돌멩이를 연구 의뢰한 결과 아슐리안형 주먹도끼라는 사실을 확인하게 된다.

  그 덕에 동아시아의 구석기문화의 흔적을 찾게 된다.

  전시관과 선사박물관에는 미취학 아동들에게는 적당한 흥밋거리와 다양한 체험프로그램으로 재미를 준다. 주변에는 넓은 잔디와 공원 산책로가 잘되어있어 초여름이 예쁘다. 그러나 근방에 한탄강 유원지가 있어 오히려 여름에 관광객이 더 북적이는 곳이다.

오늘의 미션

근처 한탄강 근처에 내려가면 돌멩이들이 참 많다. 그 돌멩이를 깨트려서 찍개나 주먹도끼모양을 만들어 보자.

소요산 자재암

멀지 않은 곳에 연천 재인폭포나 동두천 근처에 소요산이 있다.

소요산에는 자재암이라는 작은 절이 있다.

신라 선덕여왕 때 원효대사가 창건했다고 알려져 있다.

원효대사는 관음보살이 여인으로 변신해서 원효대사를 유혹하려 하였으나 불심으로 유혹을 물리쳤다는 이야기와 원효와 요석공주 설총의 이야기들을 담고 있다.

후에는 의병들의 근거지였다고도 하는 작은 암자도 꼭 한번 들려 보자.

소요산은 가을 단풍이 예쁘다고 유명해서 주말 가을에는 등산객 들의 인파가 엄청나다.

⊙ 동두천이나 보산역에서 버스 이용 🎫 입장료 : 무료 Ⓟ 주차 가능

313

과천

추사박물관

과천 현대미술관

추사박물관

홍선대원군과 소치 허련의 스승이기도 하고 작품평을 듣기 위해 송석원 시사들이 초대하기도 했다는 추사 김정희.

그러나 그는 평을 할 때 달콤한 칭찬만 하지는 않았다고 한다.

요즘 말로 독설도 아끼지 않았다고 한다.

김정희는 태어날 때부터 참 많은 일화가 전해진다.

24개월 만에 태어났다는 마치 시조 왕들의 탄생 설화 같은 이야기도 재밌고, 젖을 떼자마자 붓을 가지고 놀았다고 한다.

그가 7살 때 쓴 입춘첩의 글을 보고 당시 재상이었던 채제공이 이 아이는 명필이나 이 길로 가면 곤하겠으니 다른 길로 가게 하시라고 했다고 한다. 아쉽게도 그때의 글씨는 남아있지 않다.

북한산 순수비에 새겨진 글자를 연구하는 금석학에 뛰어나고 시 뿐만 아니라 그림까지 시서화 모두에 천재성을 보여준다.

순수비 옆면에 흔적을 남긴 것은 어찌 보면 문화재에 낙서하는 것이라 생각이 들기도 하지만 그 덕분에 그의 글자를 더 볼 수 있게 되기도 했다.

뒷면 한국 전쟁 시 총탄 자국까지 복제해 놓은 것이 재밌다.

그의 걸작 세한도는 보기만 해도 추위가 느껴질 정도로 쓸쓸 하다. 신기하게도 이 그림을 여름에 그렸다고 하니 그의 마음이 얼마 나 외롭고 고달팠는지 상상해 본다.

흔히 명필은 붓을 탓하지 않는다고 했으나 추사는 까다로운 사람이었나보다. 붓, 벼루, 종이 등 엄청나게 따졌다.

그뿐만 아니라 제주 귀양 중 부인 이씨에게 보내는 많은 편지 중 반찬이 입에 맞지 않으니 반찬 좀 해서 보내라고 편지를 쓰기도 하였다. 그러나 안타깝게도 그 편지는 그의 부인이 죽은 후 전해졌다고 한다.

그의 사람들을 찾아보자.

먼저 그의 스승으로는 북학파의 대가인 박제가부터 중국의 옹방강, 완원등이 있으며 그의 제자로는 우리가 너무나 잘 알고 있는 흥선대원군 이하응과 소치 허련, 자하 신위, 권돈인 등이 있다.

특별히 이하응의 난 그림을 보고 칭찬하고, 허련에게는 중국의 대치가 있다면 우리에게는 소치가 있다고 하며 소치라는 호를 지어주기도 할 만큼 애정이 깊었다고 한다.

그의 가족으로는 첫 번째 부인은 한산 이씨로 5년 만에 세상을 떠나 두 번째 부인 예안이씨를 만나 많은 사랑을 나누며 살았던 듯 하다.

애정과 염려가 담긴 많은 한글 편지와 마지막에 부인을 그리며 쓴 시가 증명해준다. 그러나 그의 부인에게서 아들은 없었다. 다만 기생 초생이 그를 흠모하여 그 집에 들어와 첩이 되어 두 아들 상우와 상무를 낳았다고 한다.

이곳 박물관에는 사실 진품이 많이 있지는 않다. 북한산 진흥왕 순수비나 세한도 등 모두 국립중앙박물관에 있다. 진품의 감동을 느끼기에는 여러모로 아쉬우나 많은 자료가 달래준다.

오늘의 **미션**

김정희는 호가 많다. 추사뿐 아니라 완당도 유명하다.

그래서인지 낙관이 여러개인 작품들이 있다.

그의 작품중 낙관이 가장 많은 작품은 무엇일까

◉ 양재역이나 선바위역에서 버스를 이용

🎫 입장료 : 2,000원 🅿 주차장 : 넓고 쾌적

과천현대미술관

　이곳만 보고 가면 아쉬울까. 바로 근처에 경마공원과 과천 현대 미술관이 있다.

　경마장에서 경기를 한두번 해보는 것도 재미있고 그 안에 공원도 잘 꾸며져있다.

　과천 현대미술관은 국립으로 입장료가 비싸지 않은데다 야외 조각 공원도 잘되어 있다.

　처음 경복궁에서 개관했다가 덕수궁으로 옮겨졌었다. 그러다 과천으로 옮긴 후 우리나라 현대미술의 작품을 소장하고 전시하였다. 후에는 덕수궁에 분관을 설치하고 근현대 미술품의 특별전시를 하고 있다.

　건축물은 얼핏 판테온 느낌으로 현대적이고 웅장하다.

　전시장 복도에는 국전 출품작들이 전시되어있다.

　12시부터 매시 정각에 해설이 있다. 늘 느끼지만, 현대미술관의 도슨트들도 참 마음에 든다. 차분한 목소리에 군더더기 없는 깔끔한 설명이 언제나 만족감을 준다.

　마당에 호박으로 유명한 쿠사마야요이 등 설치미술도 놓치기 아까운 데다 넓은 잔디와 휴식공간도 아름답다. 무엇보다 들어가는 입구에 긴 벚꽃길은 설렘을 주기 충분하다. 벚꽃 계절도 아름답고 가을이나 겨울에도 특별한 기분을 갖게 한다.

　이곳들까지 들려보려면 반드시 좋은 날 가야 한다. 두 곳 모두 소풍 삼아 나들이하기에 참 좋은 곳이다.

　　　　　　　　　　　　　　　　　　📖 입장료 : 3,000원
　　　　　　Ⓟ 주차비 : 다소 비싸다. 넓고 쾌적한 공간에서 누리는 작은 사치지만
　　　　　　　　가끔 학생들의 단체 관람이 소란스러울 때도 있다

314

용인

장욱진고택

우리나라 서양화가 1세대 장욱진. 그의 그림은 참 따뜻하다. 동화 속 한 장면 같다. 간결함이 더 많은 걸 준다.

한옥을 개량 보수하고 그의 작업실로 사용했다. 이 고택은 드라마 촬영지로 유명해지면서 중국 일본 관광객이 많아졌다.

장욱진은 동경제국대학 출신이다. 그러나 그는 일본어를 사용하지 않았다. 그의 정신을 이어받아 지금도 일본어 안내문은 제작하지 않는다고 하신다.

뒤로는 정말 그림 같은 예쁜 2층 양옥집이 보인다. 그의 그림에도 등장하는 집이다. 그가 직접 설계했다고 한다.

　　옆에 작은 정자에 관어정이라는 직접 쓴 그림 같은 현판도 너무나 예쁘다.

　　끼리끼리 어울린다는 말이 맞나보다. 그는 마해송과도 친분이 있어 같이 새벽 산책을 즐기기도 했다고 한다. 또 요양 차 간 수덕사에서는 나혜석을 만나 격려하기도 한다.

　　그의 막내아들이 15세에 죽음으로 큰 시련을 겪는다. 마치 베토벤이 귀가 안 들리듯 장욱진에게 백내장이 와 시력이 나빠지게 된다. 가족사랑이 컸던 그는 유언에서도 죽으면 아들 뿌린 곳에 뿌려달라는 말에 그의 절절한 슬픔이 느껴진다.

오늘의 **미션**

그의 그림 중 가장 마음에 드는 그림을 고르고 그 그림을 어디서 그렸는지 맞춰보자.

심곡서원

이곳엔 해설사가 상주하고 있지는 않았다. 용인시 문화재관리부에 신청하면 해설사가 나온다.

흥선대원군의 서원철폐 시에 살아남은 47개 서원 중 하나로 현재까지도 연 3회 향제를 지낸다.

사우에 조광조와 양팽손의 위패가 봉안되어 있다.

아무 때나 가도 문은 늘 열려있으나 느티나무 그늘이 시원할 초여름도 좋고 작은 연못의 연꽃이 만개할 한여름도 좋다. 그래도 조광조가 직접 심었다는 은행나무와 500년 된 느티나무의 늦가을 풍경 역시 놓치기 싫은 장면이다.

　한쪽에선 마치 서당 같은 느낌으로 글씨를 쓰는 분들도 있고 각종 행사로 늘 열린 공간이다.

　마침 근처에 친구가 살고 있어 오랜만에 멀리 사는 친구도 보고 오니 이래저래 좋은 기억의 장소가 된 곳이다.

　그러나 어디나 그렇듯이 배경지식이나 해설 없이 그냥 둘러보기만 한다면 다소 실망할 수도 있겠다.

조광조묘 신도비

주초위왕의 정암조광조.

중종반정 후 출사하여 이상 정치를 실현하려 하였으나 기묘사화로 아쉬운 끝을 맞게 된다. 태강즉절이라 했다. 제2의 정도전이라 불리기도 했다는데 심지어 잘생기기까지 했다고 한다.

궁녀가 흠모하여 찾아왔다가 쫓겨났다는 이야기도 전해진다.

조광조가 역모죄로 유배지에서 사약을 받고 죽었으나 역모죄는 멸문지화의 벌로 살아있는 일가뿐 아니라 조상의 묘까지 파헤쳐 부관참시에 이르게 된다. 문중 사람들이 조상의 옥석비를 마을 구석에 묻어 놓고 모두 뿔뿔이 흩어지게 되었다. 훗날 조상의 묘를 찾았으나 옥비는 찾지 못해 지금도 근처에서 나오지 않을까 하는 희망을 갖고 있다고 한다.

심곡서원에서 차로 5분 이내지만 걸음으로는 제법 걷는다. 주차장이 따로 없으니 심곡서원에 주차하고 움직이는 것이 좋겠다.

와우정사

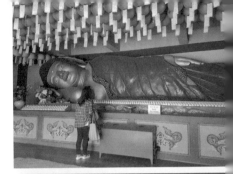

사실 근처는 아니다. 약 한 시간가
량 달려가야 하는 곳인데 특별한 느
낌을 주는 곳이라 빼기 아쉬웠다.
　그나마 용인 수지 쪽에서 가깝기
에 이곳에 붙여 놓았다.

　이 와우정사는 공부하러 간 곳이
아니기에 해설을 듣지 못했다.

　인자한 부처님이 아닌 뼈만 앙상
한 모습이나 와불도 익숙한 모습은
아니었다. 그저 신기한 불상과 동남
아에서나 봄 직한 이국적인 탑들에
매료되어 한참 둘러보았다.

315

안양

김중업 박물관

김중업 박물관

우리나라 1세대 건축가로 근대 건축의 아버지라 불린다.

입구의 관리실조차도 그의 스타일이 녹아있다.

유유산업(유특한, 유일한 형제)의 건물을 리모델링한 건물은 마치 운동장이 있고 붉은 벽돌과 하얀색으로 이루어진 건물은 시골 학교 같은 느낌을 준다.

창이나 외벽의 기둥이 특이하다.

전시물 중 그의 글씨와 스케치 등을 보면 글씨도 참 예쁘게 쓴다. 정교한 스케치를 보면서 '거저 얻어지는 건 없구나.'라는 생각을 다시 한다.

마포구 창전동 와우 아파트 붕괴사건으로 정부의 건축정책을 비판했다는 이유로 강제 출국당하기까지 한다. 참 사연 많은 그는 한국적 정서와 서양의 감각까지 드러나는 다양한 건축물을 설계했다.

르코르뷔지에의 제자로 함께 여러 작품을 내기도 했다. 그의 대표작으로는 서강대학교 본관, 주한프랑스대사관, 육군박물관, 올림픽공원 평화의 문 등이 있다.

바로 앞 개천 따라 올라가면 워터랜드와 삼림욕장이 있다. 산 입구에 식당들도 즐비하다.

오늘의 미션

그의 작품 중 직접 본 건축물은 몇 개나 되는지 찾아보고
현재까지 남아있는 작품들을 찾아보자.

◉ 관악역이나 안양역에서 버스를 이용하여 갈 수 있다
ⓟ 자가용을 이용한다면 주차장 입장료는 무료

316

고양

중남미문화원

중남미문화원

우리에게 다소 익숙하지 않은 중남미 문화원이다.

어릴 때 정말 중남미에 가보고 싶었다. 유럽이나 미국 등 선진문화가 발달한 나라들은 더 늙어도 갈 수 있을 것 같았다.

거리도 그렇거니와 경제적 부담과 시간 등 모든 것이 참 어려운 곳이다.

아직도 못 가보고 막연한 동경만 가지고 있는 중남미의 문화를 접할 수 있는 곳이다.

붉은색 담에 아치 모양의 터널은 들어서면서부터 설레게 한다. 붉은색만으로도 사람을 흥분시키기에 충분하다.

중남미 문화원은 중남미에서 30여 년간 외교관 생활을 하셨던 이복형 대사와 부인이신 홍갑표 이사장님께서 모아 오셨던 풍물들을 모아서 만드신 곳이다.

운이 좋으면 홍갑표 이사장님을 직접 만날 수도 있다. 홍갑표 이사장님은 80세가 넘으신 나이임에도 목소리도 카랑카랑하고 재치와 화려한 입담과 열정이 멋진 분이시다.

문화원은 박물관과 미술관 성전 세 개의 건물이 있다.

시간이 된다면 도슨트 부탁해서 설명을 들으며 보는 것도 좋다.

아즈텍, 마야, 잉카 문명의 유물들을 보는 재미가 있다.

제사 의식용 독특한 모양의 토기들과 다양한 가면, 직접 잡은 청새치 박제 등 볼거리가 많다.

마당에 야외 조각 정원이 잘 가꾸어져 있어서 봄, 가을에 소풍처럼 가도 좋겠다.

조각공원 끝에 마야 문명의 멕시코 벽화도 볼만하다.

　종교관은 스페인과 포루투칼의 영향으로 가톨릭의 성당이다.

　제대나 성모님의 조각도 특별한 느낌을 주는 데다 적당한 성가가
잔잔히 흘러나와 분위기를 잡아준다.

　박물관 건물 안쪽에 레스토랑은 예약하면 코스 식사 가능하다.
정원 한쪽에 카페테리아 형태의 식당이 있기는 하나 메뉴도 다양하
지 않고 그다지 친절하지 않다.

　딱히 매점도 없으니 마실 물 한 병 정도는 가져가는 게 좋겠다.

　야외정원이 잘 꾸며져 있어서 사진 찍기에도 좋은 예쁜 곳이다.
파주나 장흥 쪽에 갈 일이 있을 때 들려보면 좋겠다. 중남미문화원에
서 멀지 않은 곳에 최영장군묘가 있으니 잠시 들려보는 것도 좋겠다.

　　　　　　　　　　　　📖 입장료 : 있음　Ⓟ 주차 : 무료

알고 보면 재미있는
서울 주변 답사 기행

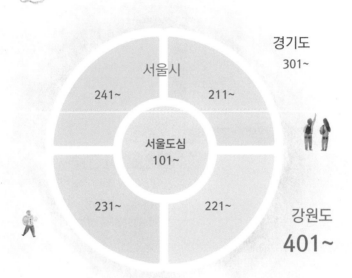

경기도
301~

서울시

241~　　211~

서울도심
101~

231~　　221~

강원도
401~

401

원주

뮤지엄 산

뮤지엄 산

강원도 원주시 산속에 있는 뮤지엄이다.

입장료가 비싸지만 그 값을 준게 아깝지 않다. 입구부터 엄청난 조형물과 꽃과 물, 빛과 공간, 돌 모든 것이 멋진곳이다.

워터가든에서 어두운 자 갈이 수심을 깊어 보이게 하여 거울효과를 주는 것과 요즘 유행하는 인피니티 풀 의 느낌으로 산속에서 깊은 호수를 만나는 기분을 갖게 한다.

제임스터렐관에서는 빛의 착시로 공간을 초월하는 기분에 우주 나 사차원 느낌이 들기도 한다. 판테온 같은 원형 하늘과 계단 위의 옥외는 마치 새로운 세상을 만난 듯 마냥 신비롭다.

이 미로 같은 신비로운 건축물은 안도타다오 작품이다. 그는 르 코르뷔지에 제자라고 한다. 그러나 그는 르코르뷔지에를 한번도 만 나지 못했다고 한다.

그는 독학으로 건축을 공부하다 어느날 중고 서점에서 르코르뷔 지에 책을 보게 되고 닳고 닳도록 읽고 연습했다는 일화는 유명하다.

노출 콘크리트와 빛의 건축가라고 알려진 그는 자연 채광으로 신 비감과 집중하게 하는 특별함을 가지고 있다.

드라마나 광고 촬영장소로도 유명한 곳으로 좋은 카메라가 아니어도 작품 사진이 된다. 그러나 비싼 입장료에 비해 재입장이 안되며 뮤지엄 내부에는 편한 식당이 없으므로 간단한 간식거리는 준비해 가면 좋겠다.

오늘의 **미션**

안도타다오의 다른 작품들도 찾아보자.

우리나라에 있는 건축물중 가본 곳이 있는지 찾아보자.

402

영월

조선의 왕릉은 대부분 도성 십리 밖, 백리 안쪽이라는 원칙이 있어 서울 경기권에 있다.

조선 초기의 태조의 원비 신의왕후 한씨의 제릉과, 정종과 정안왕후의 후릉은 북한지역인 개성에 있으며, 세종과 소헌왕후의 영릉, 효종과 인선왕후의 영릉은 경기도 여주에 있다.

거리가 상당하나 천하의 길지라 하여 뱃길로 백리라 한다.

그리고 이곳은 가장 먼 곳에 있는 장릉이다.

조선의 왕들 중 가장 슬픈 삶을 살다간 단종의 이야기 속으로 가보자.

단종은 태어난 지 3일 만에 어머니를 잃고, 12세에 문종 승하 후 왕위에 오를 때 그를 보듬어줄 이가 없었다.

세종대왕의 손자인 단종은 유난히 삼촌들이 많았다. 아버지인 문종의 걱정 속에서 왕이 된 단종은 결국 수양대군의 계유정란으로 왕위를 내주게 된다.

자신의 의지와 상관없이 선위하고, 유배를 가고, 사약까지 받은 단종은 '단종 복위운동'으로 인해 17세에 영월 관풍헌에서 쓸쓸히 죽게 된다.

청령포

　청령포는 소년왕 단종의 유배지다. 육지 속의 섬 같은 청령포는 배를 타고 들어가야만 한다.

　이 배는 단지 청령포를 찾는 이들만 실어 나른다.

　사실 강이 깊고 넓은 곳이 아니라 약식의 다리 하나쯤은 있을 법한데 배를 이용해야 한다.

　어린 단종이 이곳 청령포로 유배되었을 당시 심정을 조금 더 가까이 느낄 수 있게 한다.

아름다운 산책길 따라 들어가면 단종어소가 보인다.

어소 주변에도 특별한 충신 소나무들이 많이 있지만, 그중에 가장 키가 큰 소나무가 보인다.

단종이 걸터앉아서 한양 쪽을 바라보며 울었다는 600년 된 관음송이다. 단종의 사무친 슬픔을 보고 들었다 하여 관음송이라 한다.

산책길 따라 올라가면 노산대가 있으며 노산대 바로 옆 절벽에

돌무더기는 망향탑이다. 단종이 한양을 그리며 쌓았다고 한다.

울창한 소나무숲 속에 작은 암자는 천연 감옥같은 자리로, 그 앞을 휘감아 도는 물길을 바라보면 어딘지 모를 슬픔과 외로움이 느껴진다.

입장료 : 성인 3.,000원

장릉

동강에 방치된 단종의 시신을 하급 관리인 엄흥도가 수습하여 암장하였고, 숙종 때에 복위되어 장릉이라는 능호를 받게 된다.

입구에는 단종역사관이 있어 단종의 출생과 유배, 죽음에 관한 기록을 엿볼 수 있다.

장릉에는 다른 왕릉에는 없는 장판옥과 배식단이 보인다.

이는 단종을 위해 목숨을 바친 이들의 위패를 모신 곳이다.

장릉은 조금 높은 언덕 위에 있다.

여름 소나무 냄새 가득한 송림길을 따라 올라가면 보통의 왕릉보다는 좀 작은 규모의 장릉을 만날 수 있다.

한양에서도 가장 멀리 떨어져 있으며 남양주에 있는 정순왕후의 사릉과도 멀리 떨어져 있는 외로운 능이다.

선암마을 한반도지형

우리나라에 한반도지형을 가졌다고 알려진 곳이 몇 군데 있기는 하나, 가장 한반도의 모습을 많이 닮은 곳이다. 특히 한여름 무궁화 꽃이 필 때의 모습이 인상적이라 한다.

전망대까지 산길을 한참 걸어야 하니 운동화는 필수다.

해거름 즈음의 한반도지형은 신비감과 거룩함까지 느껴진다.

그러나 해가 진 후, 돌아오는 길은 어두워 위험하다. 한반도지형 아래로 선암마을이 보이는데, 해설가와 체험할 수 있는 프로그램도 있다.

📖 입장료 : 없음 / 선암마을 체험비 6,000원 ℗ 주차 : 가능

선돌

한반도지형에서 선돌까지는 멀지 않다. 반드시 들려보자.

마치 큰 바위를 수직으로 썰어 놓은 듯한 기암괴석의 아래로 흐르는 강과 함께 한 폭의 동양화 느낌을 준다.

📖 입장료 : 없음 ℗ 주차 : 가능

요선암, 요선정, 법흥사

　요선암은 조선중기 풍류가인 봉래 양사언이 이곳 경치에 반해 선녀탕 바위에 요선암이라는 글자를 새겨놓았다 전해진다.

　기암괴석과 돌래구멍은 우리나라에서 보기 드문 자연현상으로 이목을 끈다.

　불탑과 불상 등은 고려시대로 추측하고 있다.

　주변에 부처님의 진신사리를 모셔놓은 법흥사도 있다.

　이렇게 어마어마한 유적지 뿐 아니라 다양한 박물관과 탄광문화촌, 김삿갓 유원지, 사람 손을 타지 않은 신비로운 상동이끼계곡과 고씨동굴도 들러볼 만하다.

오늘의 **미션**

선돌에서 소원을 빌면 이루어진다고 한다.

선돌 전망대에 올라 소원을 빌어보자.

비록 이정도로 밖에 정리 못하였지만 주변에는 더 많은 곳이 있습니다.

워낙에 인기있는 경복궁 종묘등은 굳이 넣지 않았습니다.

다시한번 말씀드리지만 저는 사학을 전공한 사람이 아닙니다.

그저 내가 가본 맛집 신나서 친구에게 소개하는 심정으로 쓰게 되었습니다.

시간 될 때 도장깨기 하는 기분으로 마음에 드는 곳부터 한군데씩 찾아가보면 재밌겠다는 생각입니다.

역사속 인물들이나 사건들을 생각하면서 새롭게 알아가는 재미와 혹은 어린아이와 함께라면 이런저런 얘기를 꺼내기도 좋을, 작은 의미를 가지는 시간이기를 바라봅니다.

단한군데라도 새롭게 알게된 장소에서 특별한 재미를 가진다면 저는 기쁠것입니다.

좋은 날 좋은 추억이 되기를 진심으로 기원합니다.

다녀온 곳을 색칠해볼까요?
경기도와 강원도는 다른색을 칠해보세요.
달팽이가 나와요~

손기정 기념관	중림동 약현성당	서소문 공원	백범김구 기념관	남영동 대공분실	겸재정선 미술관	길상사	수표교	아모레 퍼시픽 박물관	절두산 순교성지	양화진 외국인 선교사 묘역
다산 유적지	우정총국	남한산성	세검정터	낙산공원	감고당터	간송옛집	연산군묘	석관동 의릉	박종화 가옥	영인 문학관
경교장	광릉	환구단	사직단	송석원	칠궁	관상감	운현궁	조계사	연화사	창경궁
봉선사	●	수종사	창의문	딜쿠샤	청계천	광통교	동묘	덕수궁	중명전	경희궁
국립 수목원	실학 박물관	동구릉	구세군 회관	성공회 성당	정의공주 묘	4·19 기념관	한국가구 박물관	간송 미술관	육사 박물관	김종영 미술관
광명동굴	기형도 문학관	권율장군 묘	홍난파 가옥	배화학당	재동 백송	김수영 문학관	함석헌 기념관	윤극영 가옥	선잠단지	최순우 옛집
백인제 가옥	정독 도서관	김유정 문학촌	김유정 폐역	무계 정사지	환기 미술관	백사실 계곡	김유정역	고종 황제의 길	고희동 가옥	헌법 재판소
국립현대 미술관	오간수문· 이간수문	책과 인쇄 박물관	서오릉	서울 미술관 석파정	선암마을 한반도 지형	국립예술 극장 내 공연예술 박물관	서울 교육 박물관	서대문 형무소 역사관	오리 이원익 종택과 충현박물관	안산 전망대 봉화사
돈의문 박물관마을	서울역사 박물관	수원화성 박물관	수원 화성	요선암, 요선정, 법흥사	청계천 박물관	백남준 기념관	한양도성 박물관	구러시아 공사관	배재학당 역사박물관	양주시립 장욱진 미술관
박물관	미술관	용주사	홍유릉	각심재	효창공원	허준 박물관	풍납토성	독립문	선돌	윤건릉
동국대학교 박물관	남산 봉수대	유릉	덕혜옹주 묘	상명대학교 박물관	평창동 표지석	몽촌 역사관	한성백제 박물관	뮤지엄 산	한국현대 문학관	윤동주 문학관
심우장	의열사	영원	회인원	태릉	강릉	정릉	흥천사	장릉	와룡묘	규장각
삼성미술관 리움	국사당터	의친왕묘	사릉	경모궁지	중남미 문화원	청령포	행궁	장충단 공원	호림 박물관	간송 미술관
서울대학교 의학박물관	아라리오 뮤지엄 인 스페이스	회암사지 박물관	양주 회암사지 터	전곡 선사 유적지	방학동 은행나무	경희대학교 중앙박물관	세종대왕 기념관	초안산 근린공원	김중업 박물관	수유 근현대사 기념관
청와대 사랑채	수성동 계곡	박노수 미술관	소요산 자재암	추사 박물관	과천 현대미술관	장욱진 고택	심곡서원	천정 이상범집 화실	조광조묘 신도비	와우정사

memo

알고 보면 재미있는

서울 주변 답사 기행

초판 1쇄 발행 2019년 5월 30일

지은이   최수정
펴낸이   김동명
펴낸곳   도서출판 창조와 지식
디자인   주식회사 북모아
인쇄처   주식회사 북모아

출판등록번호   제2018-000027호
주 소   서울특별시 강북구 덕릉로 144
전 화   1644-1814
팩 스   02-2275-8577

ISBN   979-11-6003-139-3 03910
가 격   16,000원

지식의 가치를 창조하는 도서출판 **창조와 지식**
www.mybookmake.com